씨앗머니

씨앗머니

발행일	2025년 7월 10일			
지은이	박춘희, 유현주, 원효정			
펴낸이	손형국			
펴낸곳	(주)북랩			
편집인	선일영	편집	김현아, 배진용, 김다빈, 김부경
디자인	이현수, 김민하, 임진형, 안유경, 최성경	제작	박기성, 구성우, 이창영, 배상진
마케팅	김회란, 박진관			
출판등록	2004. 12. 1(제2012-000051호)			
주소	서울특별시 금천구 가산디지털 1로 168, 우림라이온스밸리 B동 B111호, B113~115호			
홈페이지	www.book.co.kr			
전화번호	(02)2026-5777	팩스	(02)3159-9637	
ISBN	979-11-7224-726-3 03320 (종이책)	979-11-7224-727-0 05320 (전자책)		

잘못된 책은 구입한 곳에서 교환해드립니다.
이 책은 저작권법에 따라 보호받는 저작물이므로 무단 전재와 복제를 금합니다.
이 책은 (주)북랩이 보유한 리코 장비로 인쇄되었습니다.

(주)북랩 성공출판의 파트너

북랩 홈페이지와 패밀리 사이트에서 다양한 출판 솔루션을 만나 보세요!

홈페이지 book.co.kr • 블로그 blog.naver.com/essaybook • 출판문의 text@book.co.kr

작가 연락처 문의 ▶ ask.book.co.kr

작가 연락처는 개인정보이므로 북랩에서 알려드릴 수 없습니다.

더 이상 휘둘리지 않는 내 돈의 기적

씨앗머니

박춘희, 유현주, 원효정 지음

북랩

들어가는 글

"나는 잘 살고 있는 걸까?"

마흔을 넘기고 쉰을 앞두니, 삶에는 질문이 하나씩 늘어났습니다. 그 물음은 언제나 '돈'이라는 단어 앞에 멈춰 섰습니다. 열심히 살고 있지만, 늘 마음 한편은 불안했습니다.

'예상 못 한 병원비가 갑자기 생기면 어떡하나' 덜컥 겁이 났습니다. 남편이 회사를 그만두게 되거나 계약이 끝나면 다음은 어찌 되나 눈앞이 캄캄해졌지요. 당장은 문제가 없지만, 미래를 생각하면 한숨이 먼저 나옵니다.

그렇게 돈 앞에서 이 정도면 됐다고 하면서도 속으로는 이래도 되는 건가 하는 마음을 안고 살아왔습니다. 돈이 없어서 불행한 것이 아니라, 돈 때문에 흔들리는 삶이라 피곤했습니다. 주변을 둘러보니 저만 그런 것이 아니었습니다. 많은 사람들이 비슷한 고민 속에서 하루하루를 버텨 내고 있었습니다. 돈에 대한 막연한 두려움과 불안감 그리고 그것을 해결해야 한다는 부담감 사이에서 말이죠.

화려한 재테크 성공담도 아니고, 복잡한 재무 이론도 아닙니다. 이 책에는 돈 앞에 좌절해 봤고, 다시 일어나 한 걸음씩 나아갔던 우리의 이야기를 담았습니다.

20년 차 전업주부로 남편으로부터 선물 받은 시간을 통해 이제는 남편에게 시간을 선물해 주고 싶다는 박춘희 작가.
25년 차 워킹맘으로 1억을 모으겠다는 일념으로 한 달 생활비 55만 원으로 살면서 주식 투자에 전념하고 있는 유현주 작가.
23년 차 자영업자로 돈을 모으고 불리는 것에서 더 나아가 이제는 돈을 버는 자신만의 방법을 찾아간 원효정 작가.

세 명의 저자 모두 각자 다른 삶을 살아왔지만, 한 가지 공통점이 있었습니다. 돈이 없어서가 아니라 돈을 다루는 방법을 몰라 흔들렸고, 그 현실을 받아들이는 대신 바꾸기 위해 움직였다는 것입니다. 그리고 무엇보다 완벽하지 않아도 괜찮다는 것을 깨달았습니다. 작은 실수를 하더라도, 조금씩이라도 나아가면 된다는 것을 말이죠.

우리는 가계부를 기록하며 돈과 나 사이의 거리를 좁혀 갔고, 작은 종잣돈을 모아 주식과 부동산에 투자해 왔습니다. 돈이 나를 흔드는 것이 아니라, 내가 돈의 흐름을 읽고 움직일 수 있다는 감각을 하나씩 익혀 갔습니다. 그 과정에서 깨달은 것은 돈 관리가 단순히 숫자의 게임이 아니라는 점이었습니다. 그것은 나 자신과의 대화이자, 내 삶의 우선순위를 찾아가는 여정이었습니다.

『씨앗머니』는 그런 과정을 솔직하고 현실적으로 담았습니다.
아직 시작하지 못하는 당신에게, 서툴지만 '잘하고 싶은' 당신에게, 하나의 디딤돌이 되기를 바라는 마음으로 썼습니다.

이 책은 총 5장으로 구성되어 있습니다.

1장은, 우리가 왜 늘 돈에 휘둘리는지 그 심리를 먼저 들여다봅니다. 돈에 대한 불안, 스트레스 그리고 지출의 반복 속에서 어떤 감정이 나를 붙잡고 있는지를 살펴보려 합니다. 첫 번째 인식의 전환이 변화의 시작점입니다.

2장은, 씨앗처럼 작지만 단단한 돈, '씨앗머니'에 대해 이야기합니다. 가계부를 쓰는 이유와 기록의 힘, 소비 습관을 점검하는 법 그리고 종잣돈을 모으는 실질적인 방법들이 담겨 있습니다. 이 장을 통해서 우리는 누구나 시작할 수 있다는 확신을 얻게 됩니다.

3장은, 자산을 불리는 원칙과 전략을 소개합니다. 주식과 부동산 투자의 기초, 시간과 복리의 마법, 우리가 직접 실천하고 경험한 사례들을 통해 복잡한 이론보다 생활에 닿아 있는 돈을 이야기합니다.

4장은 수입의 흐름을 다변화하는 법에 대해 말합니다. 직장 월급 외에 돈이 들어오는 여러 갈래를 열어 두는 일, 잠자는 돈을 깨우고, 지식을 수익으로 연결하고, 나의 콘텐츠와 창작을 통해 경제적 자유를 한 발짝 더 다가가게 하는 방법들을 담았습니다. 나도 해 볼 수 있겠다는 용기를 주리라 믿습니다.

5장은 결국 우리가 원하는 평생 부자로 사는 태도에 대해 다룹니다. 돈을 모으는 것을 넘어 지키는 법 내 삶의 우선순위를 바탕으로 소비 기준을 세우는 법, 그리고 아이들에게 물려주고 싶은 '돈 철학'에 대한 고민까지. 가장 중요한 내 삶과 돈에 대한 기준을 되찾는 마지막 열쇠가 될 것입니다.

처음부터 끝까지 읽으며 한 호흡으로 정리해도 좋고, 지금 가장 필요하다고 느끼는 장부터 골라 읽어도 괜찮습니다. 어쩌면 어떤 장은 지금은 와 닿지 않을 수도 있습니다. 하지만 시간이 지나 다시 펼쳤을 때, 그 페이지가 또다시 당신의 삶을 붙잡아 줄 것입니다. 우리 각자의 상황과 단계가 다르기 때문에 필요한 메시지도 달라질 수 있으니까요.

이 책은 어느 날 갑자기 돈에 쫓기고 있는 자신을 발견한 사람이라면, 재테크는 해야 할 것 같은데 어디서부터 시작할지 모르는 당신이라면, 가계부를 써 봤지만 포기했던 기억이 있는 누군가라면, 그리고 무엇보다 돈과 친해지고 싶은 그대에게 꼭 필요한 책입니다.

지금 당장 통장 잔고를 단번에 늘릴 수 없지만, 오늘부터 바꿀 수 있는 힘은 분명 있습니다. 생각보다 많은 것들이 당신 손에 달려 있기 때문입니다. 그저 돈 잘 버는 법을 넘어서 돈 앞에 흔들리지 않는 삶을 살아가기 위한 첫걸음을 이 책과 함께 할 수 있기를 바랍니다. 이제 돈이 중심이 아니라, 당신이라는 사람 그 자체가 당신 삶의 중심이 되는 여정이 시작됩니다. 당신이 심은 하나의 씨앗이, 곧 당신만의 기적이 될 것입니다.

봄희야 박춘희 드림

차례

들어가는 글　　　　　　　　　　　　　　　　　　　　　　　　　005

 **제1장**　　**왜 우리는 돈에 휘둘리는 것일까?**

왜 우리는 돈에 휘둘릴까? (원효정)　　　　　　　　　　　016
돈과 스트레스의 심리학 (원효정)　　　　　　　　　　　022
지름신과 짠테크 사이 (원효정)　　　　　　　　　　　　028
흘려보낸 돈은 다 어디로 갔을까? (원효정)　　　　　　034
몰라서 아니고 너무 많이 알아서 (원효정)　　　　　　　040
돈, 돈, 돈, 돈 때문에 (원효정)　　　　　　　　　　　　046
소비 습관 돌아보는 법 (원효정)　　　　　　　　　　　052
돈의 주인으로 거듭나기 위하여 (원효정)　　　　　　　058

제2장 씨앗머니는 재테크의 첫걸음

씨앗머니, 왜 필요한가 (유현주)	066
매일 기록하는 것이 내 돈을 만든다 (유현주)	072
저축과 투자를 자동화하는 방법 (박춘희)	077
돈 잡아먹는 하마를 찾아라 (유현주)	083
씨앗머니도 하루 만 원부터 (박춘희)	089
비상금 vs 투자금 (박춘희)	095
씨앗머니 모으는 속도를 높여라 (유현주)	101
작은 성취들이 모여 큰 성공을 이룬다 (박춘희)	106

제3장 자산을 불리는 핵심은 따로 있다

원칙 없는 투자는 흔들릴 수밖에 없다 (유현주)   114
주식 투자의 기본 (유현주)   119
부동산 투자의 기초 (박춘희)   125
시간이 만든 기적을 체감하라 (박춘희)   131
위험과 기회를 구분하는 법 (박춘희)   137
실패는 실패가 아니야 (유현주)   143
자산이 늘어날수록 경계해야 할 것들 (박춘희)   149
한 번의 성과보다 지속적 습관이 자산을 키운다 (유현주)   155

제4장 여러 갈래로 돈이 들어오게 하는 법

왜 여러 갈래로 돈이 들어와야 하는가 (원효정)   162
본업 말고 부업 (원효정)   168
잠자는 돈으로 돈 벌기 (원효정)   174
지식 콘텐츠로 돈 벌기 (원효정)   180
소규모 창업으로 돈 벌기 (원효정)   186
유지하느냐, 무너지느냐 (원효정)   192
가족과 함께 만드는 소득 창출 프로젝트 (원효정)   198
다양한 소득의 선순환 구조 (원효정)   204

 **제5장　평생 부자로 사는 결정적 한 수**

모으기보다 이제는 지키기 (유현주)   212

리스크 방어가 중요해 (유현주)   217

경제적 자유 vs 경제적 여유 (유현주)   222

아이들에게 물려주는 '돈 교육' (박춘희)   227

쓸모없던 아줌마에서 같이 해답을 찾아가는 사람으로 (박춘희)   233

정기적으로 배우고 성장하는 돈 습관 (박춘희)   239

무조건 절약보다 가치 있는 소비로 (박춘희)   245

평생 부자로 사는 마지막 한 수 (유현주)   251

마치는 글   256

제1장

왜 우리는 돈에 휘둘리는 것일까?

왜 우리는
돈에 휘둘릴까?

원효정

그동안 도대체 뭐하며 살았을까 한심해졌습니다. 결혼 14년 만에 겨우 내 집 마련을 하고 보니 3억 가까이 되는 대출과 텅텅 빈 통장뿐. 열심히 일하면서 돈을 벌 줄만 알았지 어떻게 해야 모을 수 있는지 몰랐던 거죠. 불린다는 것은 어불성설이었습니다. 주식은 투기란 단어와 연결되기만 했고, 부동산은 딴 세상 이야기라고만 생각했으니까요.

재테크 책을 여러 권 들춰 봅니다. 뭐가 뭔 소리인지 도통 알아듣기 어려웠어요. 읽기 시작한 지도 한참 된 것 같은데, 책장은 넘어갈 생각조차 하지 않았습니다. 쉽게 읽히는 책을 만나기라도 하면 작가가 운영하는 카페에 찾아가 보기도 하고, 강연을 신청하기도 했습니다. 강남의 어느 강의장에 겨우 도착했을 때 열심히 장사하면서 아이 셋 키우는 것만을 지상 최대의 목적으로 살아온 제 눈이 휘둥그레졌던 기억이 납니다. 나 같은 사람이 몇 명이나 되려나 하는 마음으로 들어선 강의장은 사람들로 빼곡했습니다. 쉬는 날에도 쉬지 않고 공부하러 나온 사람이 이렇게도 많을 수가 있는지, 입이 다물어지지 않았습니다. 나는 왜 그동안 이런 걸 모르고 살았던 것인지 한심했어요. 먹고사는 데에만 급급해 바로 코앞에 다가온 마흔을 아무런 준비 없이 마주하니 부끄러웠습니다.

그동안 모른 채 살아온 시간을 보상이라도 하듯 빨리 달려가고 싶었습니다. 성과도 얼른 났으면 좋겠다고 생각했어요. 모으는 것을 넘어 불리는 걸 배우면 더 빨리 목적지까지 갈 수 있지 않겠나 하는 욕심도 생겼습니다. 이미 나보다 먼저 시작한 사람들이 저만치 가고 있으니 그들이 걷는 속도보다 빨리 달려가면 그 격차가 좁혀질 것이라 여겼습니다. 절실했습니다. 머리만 닿으면 자던 잠순이가 새벽 3시에 일어났습니다. 관심을 두면 더 많이 보이는 법이지요. 재테크나 돈에 관심을 두니, 보이고 들리는 내용 자체가 달라졌습니다. 눈에 보이는 수많은 화두가 주식으로 수백 퍼센트 수익을 낸 사람들부터 부동산 투자로 몇 억을 한순간에 벌었다는 이야기였지요. 이런 세상이 있는 줄 왜 미처 몰랐는지 다시 한번 가슴을 칩니다. 주식이나 부동산 강의를 찾아다니면서 점차 재테크 시장 한복판에 뛰어들었습니다. 책을 읽고 강의를 들어도 막상 내 돈 들여 무언가를 사려고 하니 선뜻 손이 나가지 않았습니다. 부동산만 해도 3억짜리 집을 사려면 3억이 다 있어야 하는 줄로만 알았지요. 나중에 할 거라며 뒤로 잠시 미뤄 두더라도, 주식은 바로 시작할 수 있었음에도 말이에요. 주식 하나를 사려고 해도 도통 모르겠다는 말만 연신 했습니다.

2018년 여름, 미국 주식 강의를 하나 들었습니다. 주식도 어려운 마당에 미국 주식은 더욱 접근하기 힘들더라고요. 그냥 사기만 하면 되는 줄 알았더니 환전을 해야 한다는 거예요. 여행 가기 전에 은행에 가서 달러를 바꿔 본 적은 있어도 계좌 상에서 달러를 환전한 적은 없었던 저였습니다. 원화로 달러화를 산다는 개념조차도 없었어요. 더 어렵더라고요. 강사에게 겨우 물어물어 달러를 환전한 것이 난생처음 달러 투자인 셈이었습니다. 잘 모른다는 생각에 조심스러워지더라고요. 지금 와서 생각해 보면 그때의 저는 강사에게 많이 의지하면서 그가 내리는 오더에 충실하게 미국 주식을 사고파는 모범생이었습니다. 왜 파는지, 왜 사는지, 왜 이 기업을 선택했는지, 어떤 데이터를 어떻게 해석해서 투자 결정을 내리는지, 그 기업이 장사를 잘하는지 등 전혀 모른 상태에서 나보다 잘 아는 강사가 사라고 했으니 사고, 팔라고 했으니 판 거예요. 타인의 말을 듣고 투자하는 제가 늘 앞세웠던 말 한마디, '나는 잘 모르니까'였습니다.

잘 모르면 불안해집니다. 불안하면 스스로의 힘으로 앞으로 나아가기 어려워지고요. 당연히 투자 결정 역시 혼자 하지 못합니다. 책을 보거나 강의를 듣는다고 진짜 아는 것은 아니었습니다. 수십 권의 재테크 책을 읽어도, 여러 강의를 전전하며 누군가가 알려 주는 내용을 듣고 배워도 투자하지 못했습니다. 막상 실행하려고 하면 머뭇거리는 이유, 모르기 때문이었어요. 알기 위해서는, 또 내 것으로 만들기 위해서는 결국 자신의 기준에 따라 직접 실행해 봐야 하는데 모르기 때문에 배워 놓고도 투자하지 못하는 일이 다람쥐 쳇바퀴 돌 듯 매번 반복됩니다. 유튜브에는 수많은 사람들이 저마다의 확신을 담아 투자 지식을 전달합니다. 누군가는 주식이 맞다 하고, 또 다른 이는 비트코인이 최고라고 주장합니다. 잘 모르니까 타인의 조언에 기대게 되고, 전문가처럼 보이는 유튜버의 말이 더 확실해 보입니다. 결국 충분한 공부 없이 주식이나 비트코인, 심지어 아파트까지 덜컥 사 버립니다. 그러면서도 여전히 불안한 마음에 또다시 여러 유튜브 채널이나 강의를 찾아다니며 끊임없이 확신을 찾으려 합니다. 그저 자신이 운이 없었다는 말을 앞에 내뱉으면서. 누군가의 성공담은 크게 들리게 마련입니다. 조급함과 비교 심리는 성급한 투자를 부르지요. 뚜렷한 목적의식 없는 투자는 쉽게 방향을 잃어버립니다.

돈에 끌려다니는 삶은 불편했습니다. 더 많이 모으고 불려야 한다는 강박과 내 선택이 맞는지에 대한 의심이 따라다녔지요. 투자 상품 하나를 고르는 것도 머리 아팠고, 월급은 결국 계획 없이 흩어지기 일쑤였죠. 열심히 살았는데도 돈은 모이지 않았고, 적어 둔 가계부에는 나도 모르게 새어 나간 돈만 보여 허탈해졌습니다.

왜 이리 돈에 휘둘렸던 걸까요?

첫째, 불안함과 조급함 때문입니다. 마음이 급하고 불안할수록 냉정한 판단을 하기 어렵습니다. 남의 말만 듣고 무작정 덤벼들면 운이 좋아 반짝 수익을 낸다 하더라도 손실을 보거나 하락장이 찾아왔을 때 휘청이며 불안이 더해질 수 있어요.

둘째, 돈의 목적이 없었습니다. 목적이 분명하지 않으면 어떤 기회가 다가와도 중심을 잡기 어렵습니다. 그저 남들이 한다는 이유로 투자한다면 시장이 크게 출렁일 때마다 당황하고 휘말릴 수밖에 없어요.

셋째, 돈을 행복의 기준으로 착각했습니다. 성공하면 행복할 거라 생각했죠. 성공한 사람들은 돈이 많을 거라 여겼습니다. 어느 지역, 몇 평짜리 아파트에 살고 있으면 성공한 것 같고 부러웠습니다. 물론 돈이 삶의 질을 높일 수는 있겠지만, 돈이 많다고 무조건 행복한 것은 아닙니다. 내면의 불안이나 공허함은 돈으로 채워지지 않아요. '돈을 좇는 삶'과 '돈으로부터 일상을 지키는 삶' 사이에서 갈피를 잡지 못했습니다. 어느새 삶의 대부분이 돈에 대한 한숨으로 가득했습니다. 이렇게 살면 안 되겠다는 생각이 들더라고요. 돈에 휘둘리는 시간을 끊어 내기로 다짐합니다.

돈에게 휘둘리지 않고 살아가기 위해 답을 찾는 것으로 시작했습니다. 왜 돈을 모으고 자산을 불리려 하는가. 남들보다 뒤처지지 않겠다는 다짐이나 단순히 부자가 되고 싶다는 막연한 바람 정도로는 부족했어요. 자신만의 기준과 구체적인 방향이 있어야 돈이 더 이상 불안의 원천이 아닌 목표를 실현하고 조금 더 행복한 삶을 살아 내는 도구로 자리매김할 수 있기 때문입니다. 이 책의 첫머리에 '왜 우리는 돈에 휘둘릴까?'라는 질문을 던지는 이유는 이 부분을 되짚어 보기 위함이었습니다. 저의 30대는 돈 때문에 남편과 다투는 일이 많았고, 병원비와 카드값에 쫓기면서도 좀처럼 앞으로 나아갈 수 있는 방향과 길이 보이지 않아 막막하기만 했습니다. 불안해하는 저 자신을 탓하기만 하기보다 방법과 방향을 찾기 위해 이리저리 실행하고 부딪혀 가며 해답을 찾았습니다. 이대로 살면 안 되겠다는 마음으로 시작한 당신도 이 책이 끝날 때쯤이면 달라질 겁니다. 앞으로 달라질 돈은 자신의 삶을 지키는 도구이자 가족의 미래를 위한 든든한 무기가 되어 줄 테니까요.

돈과 스트레스의 심리학

원효정

새벽 두 시 반, 또 눈이 떠졌습니다. 내 집을 마련한 기쁨도 잠시 한 달 뒤 바로 원리금 상환일이 다가왔기 때문입니다. 설상가상으로 시아버지께서 목을 다쳐 중환자실에 입원하시면서 시댁 식구들과의 연락도 끊겼습니다. 대출 상환, 아버님 병원비, 둘째 수술비까지 눈앞에는 돈 문제가 쌓이고 또 쌓였습니다. 여유자금은커녕 한 달 먹고사는 문제가 숨통을 조여 왔습니다. 남편과 상의하고 싶었지만 한 달에 겨우 한두 번 쉬는 날조차 아버님 병간호로 시골집에 가는 터라 이야기할 시간도 없었습니다. 밤새 뒤척이다 겨우 잠이 들었는데, 아침부터 병원비 중간 정산 문자가 울려 댑니다. 식은땀이 흐르고, 가슴이 조여 옵니다.

돈 문제는 비단 숫자에만 국한되어 있지 않았습니다. 감정과 심리, 신체에까지 영향을 미치는 복합적인 사안이지요. 월급날 잠시 오른 통장 잔고는 각종 공과금과 카드값, 대출이자를 내고 나면 금세 바닥을 칩니다. 롤러코스터를 타는 듯한 감정의 기복은 스트레스로 이어지고, 그 스트레스는 다시 의사 결정을 흐립니다. 2020년 한국 금융소비자보호재단이 성인 2천 명을 대상으로 실시한 조사에 따르면 절반이 넘는 58.1%가 돈 걱정으로 스트레스를 받는다고 합니다. 특히 30대~40대가 가장 크게 느낀다고 합니다. 돈 스트레스는 왜 생기는 걸까요?

첫째, 불확실성에 대한 공포입니다. 인간은 본능적으로 불확실한 상황을 두려워하지요. 코로나19 이후 급변하는 경제 상황, 치솟는 물가와 금리, 예측할 수 없는 부동산 시장. 미래에 대한 불확실성이 커질수록 불안은 과도한 절약이나 무모한 투자와 같은 극단적인 행동으로 이어질 수 있어요. 월급만으로는 집 한 채 못 산다는 생각에 주식에 올인 해 큰 손실을 본 사례를 심심찮게 찾아볼 수 있습니다.

둘째, 비교 의식이 만드는 상대적 박탈감입니다. SNS에서는 화려한 여행 사진이나 명품 가방, 고급 레스토랑에서 식사하는 사진들이 넘쳐납니다. 친구들이 서울에 내 집 마련을 했다거나 새 차를 구입했다는 소식이 들려오면 나만 뒤처지고 있는 것 아닌가 하는 생각이 들지요. 비교하는 순간 우울해집니다. 인간은 사회적 동물이기에 누구나 그런 생각을 할 수 있습니다.

셋째, 자기 가치를 돈과 연결 짓는 편견입니다. 주변을 보면 재산이나 소득 수준으로 사람의 가치를 평가하는 이들이 많이 보입니다. 월 몇 억을 번다거나 강남에 살고 있다는 이유만으로 성공한 사람이라 평하기도 하거든요. 들고 다니는 명품 가방, 명함에 적힌 직함, 사는 동네, 자녀가 다니는 학교 등으로 사람을 평가하는 문화 속에서 자신의 재무 상태를 곧 자기 가치로 인식합니다.

넷째, 돈에 대한 감정적 관계입니다. 돈에 대한 신념과 태도는 꽤 어릴 때부터 형성됩니다. 부모가 자주 돈으로 싸우는 모습을 보고 자란 아이는 성인이 되어서도 돈을 불안과 갈등의 원천으로 인식할 수 있어요. 돈 쓰는 걸 나쁘다는 가정 교육을 받으며 자라다 보면 성인이 되어서도 필요한 곳마저 돈을 쓰지 못할 수 있어요. 아픈데도 병원비를 아끼다가 악화되는 바람에 더 큰 비용을 지출해야 했던 저희 시아버지가 그러했습니다.

다섯째, 실패에 대한 두려움입니다. 투자나 재테크에 실패하면 단순히 돈을 잃는 것을 넘어서 자신이 무능하다는 자기 비하로 이어질 수도 있습니다. 이런 두려움은 재테크를 시작조차 하지 못하게 하는 심리적 장벽이 되지요. 주식에 손을 댔다가 큰 손실을 본 뒤 투자에 대한 트라우마가 생겨 주식 투자를 다시 시작하지 못한 경우나 빚을 내어 부동산 투자를 했다가 아파트 가격이 하락하면서 대출이 기하급수적으로 늘어나 힘들어한다는 사례 역시 쉽게 찾아볼 수 있습니다.

돈으로 인한 스트레스는 신체에도 영향을 미칩니다. 돈 걱정이 계속되면 면역 체계가 약해지거나 혈압이 상승하고 수면 장애도 일으킬 수 있어요. 심지어 우울증이나 불안 장애를 호소하기도 합니다. 저 역시 병원비나 간병비 문제로 전화가 올 때면 한숨이 절로 나고 머리가 깨질 듯이 아팠어요. 자다가도 벌떡 일어나고 심장이 쓸데없이 두근대기 일쑤였죠. 저혈압 쇼크가 몇 번이고 찾아와 주저앉기도 했습니다. 전형적인 '금융 트라우마'였습니다.

돈 스트레스에서 벗어나기 위해 돈과 나 자신을 분리하기로 했습니다. 나의 재무 상태가 곧 내 가치를 정의하지 않기 때문입니다. 투자에 실패했다고 내가 실패한 것은 아니며, 빚이 많다고 내가 무능한 것도 아닙니다. 그저 제대로 나와 내 돈을 올곧게 바로 세우는 방법을 몰랐을 뿐입니다. 따라서 재무 상황을 객관적으로 바라보고 감정을 배제해 있는 그대로의 상황을 인식하는 것이 먼저입니다. 스트레스는 사람의 심리와도 밀접한 관련이 있기 때문입니다. 더불어 작은 성취의 경험도 늘려나갔습니다. 큰 목표는 작은 단계로 나누고, 달성 가능한 작은 단위의 목표부터 하나씩 이뤄 나갔습니다. 대표적으로 돈 쓴 내역을 적기만 해도 저 스스로를 칭찬했던 것 역시 작은 성취였습니다. 돈 쓰면 무조건 적어 보자는 말을 줄여서 '돈무적'이라는 주문과도 같은 말을 입에 달고 산 것도 이 때문이었습니다. 돈에 대해 관심을 두고 매일을 쌓아 가면서 점차 저만의 재정 시스템을 구축했습니다. 자동 이체부터 시작한 돈 관리 시스템은 점차 저축과 투자로 이어졌습니다. 매달 가족과 함께하는 머니플랜데이도 만들었습니다. 시스템이 있으니 매번 의지력에 기대지 않고도 돈이 손안에 들어왔습니다.

돈을 생각하기만 하면 가슴이 답답했습니다. 머리만 닿으면 잠이 들던 잠순이가 자다가도 벌떡 일어나 깰 정도였으니 그때 당시에는 저도 돈 스트레스가 상당했던 것 같아요. 아마도 돈과 사람이 함께 가했던 제 삶의 충격이 더 커서 그랬을지도 모릅니다. 결혼 14년 만에 어렵사리 마련한 내 집을 잃을까 봐, 더 나아가 돈 때문에 사랑하는 가족들마저 지키지 못할까 봐 전전긍긍했습니다. 먹고사는 문제가 가장 큰 줄 알았습니다. 먹고사는 직접적인 생존의 문제가 아닌 단지 돈에 대한 걱정만으로도 일상이 제대로 흘러가지 않을 수 있다는 사실은 꽤나 적잖은 충격을 주었습니다.

이제 저는 행복하다는 말을 자주 하는 사람이 되었습니다. 돈과 스트레스 사이의 심리학을 이해하니 돈과 조금씩 친해질 수 있었습니다. 더 나아가 그토록 바라 마지않던 돈에 대한 주도권도 조금씩 잡아 갔습니다. 돈에 어떤 감정을 품고 있는지, 그 감정이 어떻게 의사 결정에 영향을 미치는지 이해하니 비로소 덜 휘둘리고 돈을 통제할 수 있는 실마리를 찾을 수 있었습니다. 돈은 제 삶의 목적이 아니라 더 나은 삶을 위한 도구였습니다. 제가 원하고 바라던 행복은 은행 잔고가 아닌, 가족과 함께 쌓아 가는 매일의 작은 순간들에게서 온다는 사실을 이제야 조금은 알 것 같습니다.

지름신과
짠테크 사이

원효정

소비 마녀. 돈 공부하기 전 저의 모습은 딱 이 네 글자였습니다. 왜냐하면 지름신이 자주 저를 찾아왔거든요. 원래는 딱 하나만 사자고 다짐하며 인터넷 쇼핑몰에 접속했습니다. 아이들 옷 한 벌만 사려 했던 계획은 장바구니가 채워질수록 흐릿해져 갔어요. 결국 계획에 없던 물건들까지 담아 결제 버튼을 눌렀습니다. 택배가 도착하고 박스를 열어 보니 이미 비슷한 옷이 옷장에 걸려 있어 한숨을 쉬기도 했지요. 아이들 전집 세트에도 지름신은 자주 찾아왔습니다. 육아를 주제로 한 어느 카페에서 자신의 아이가 어떤 책을 읽고 영어 천재 소리를 듣는다는 글을 보았습니다. 그날로 인터넷상에 올라온 후기를 모두 다 찾아 읽고는 100만 원이 넘는 전집을 카드 할부로 계약했습니다. 한 달이 지나기도 전에 아이들의 관심은 사라졌고, 비싼 전집은 책장 한쪽을 차지한 채 먼지만 쌓여 갔어요. 할부금은 1년 내내 카드 청구서에 찍혀 나오더라고요.

이렇게 살면 안 되겠다는 생각이 들자 극강의 짠테크 모드로 사람이 바뀌었습니다. 식비와 병원비를 제외하고는 일체 돈을 쓰지 않겠다고 선언한 것이었어요. 아이들 학원비도 모두 끊었고, 여행을 가거나 옷을 사 입지도 않았습니다. 보일러는 한겨울에도 외출 모드로 돌려놓은 채 사용했고, 면장갑에 고무장갑을 끼고 찬물로 설거지를 했습니다. 수면양말에 옷은 기본 5~6겹씩 껴입으면서 난방비를 아꼈네요. 반찬은 무조건 하나씩만. 요리 솜씨도 좋지 않다 보니 아이들이 잘 먹는 햄이나 소시지 위주로 집밥을 해 먹었습니다. 돈독이 올랐다는 소리를 들어 가면서도 쉽사리 돈을 쓰지 못했어요. 교통비도 아까워 걸어 다니는 것은 기본이었고, 앱테크로 포인트를 모아 현금화하는 다양한 방법을 꿰차고 있었습니다.

왜 이렇게 극단을 오갔을까요? 분명한 소비 원칙이 없었기 때문입니다. 중국집을 운영하며 하루 11시간씩 일하는 고된 일상 속에서, 그저 그날의 감정에 따라 지출 결정을 내렸던 거예요. 특히 장사가 잘되지 않은 날에는 평소보다 더 아끼려고 하다 보니 스트레스를 받았고, 매출이 좋은 날에는 괜한 보상 심리가 발동해서 아이들에게 필요 이상의 것들을 사 주었습니다. 가장 큰 문제는 이런 오락가락하는 소비 패턴이 결국 저희 집 재정 상태에는 도움이 되지 않았다는 점입니다. 아이들 방은 한두 번 가지고 놀다 버려진 장난감으로 넘쳐났지만, 정작 가게 시설 투자나 비상금 마련은 제자리걸음이었어요. 물건을 사는 순간의 짧은 만족감은 금방 사라지고, 과도한 절약은 삶의 질을 떨어뜨려 결국 더 큰 보상 소비로 이어졌습니다.

깨달음은 뜻밖의 순간에 찾아왔습니다. 아버님이 크게 다쳐 중환자실에 입원해 있는 그 상황에서 시댁 식구들과 연락이 두절되자 아버님 병원비와 간병비를 걱정해야 하는 제 자신이 싫었거든요. 11시간씩 일하며 버는 돈은 대부분 생활비와 아이들 교육비로 나가고, 나머지는 충동구매나 무계획적인 소비로 사라졌다는 사실도 충격이었습니다. 그동안 열심히 일해 왔음에도 그제야 진짜 필요한 곳에 쓰기 위한 돈이 한 푼도 없다는 현실이 저를 덮쳤습니다. 마음을 고쳐먹기로 했습니다. 무조건적인 지름이나 극단적인 절약이 아닌, 균형 잡힌 소비의 길을 찾기로 한 거예요.

먼저 가치 소비의 원칙을 세웠습니다.
'이 지출이 우리 가족과 우리의 삶에 얼마나 가치를 더해 줄까?'
돈을 쓰기 전에 저 자신에게 이 질문을 던졌습니다. 충동구매를 줄이기 위해 24시간 룰도 적용했어요. 물건을 사고 싶을 때 바로 구매하지 않고 하루를 기다리기로 했습니다. 가게 일이 바쁘다 보면 다음 날에는 그 물건을 살 시간도, 기억도 없어지는 경우가 많았어요. 정말 필요한 것이라면 계속 생각나게 마련이니, 이렇게 하니 불필요한 지출이 크게 줄었습니다. 통장도 나눴습니다. 카드 대금이 입금되는 계좌에서 사업용과 세금용, 가정용으로 적절히 분리시켰습니다. 순수익이라고 생각하는 일정 비율을 가정용 통장으로 보내 저에게 월급을 주기로 한 거죠. 또한 그 외에 장사 수익의 일정 비율을 미래용 통장으로도 보냈습니다. 특히 월급으로 책정한 가정용 통장에서는 '문화 여가비'라는 항목을 정한 것은 가치 소비의 원칙에 부합하는 예산이었습니다. 아이들과의 소소한 외식이나 놀이에 쓰기 위해 예산을 잡아 조금씩 쌓아 둔 거죠. 이렇게 하니 계획안에서 죄책감 없이 즐길 수 있었고, 동시에 과소비도 막을 수 있게 되었습니다.

소비 일기도 썼습니다. 5만 원 이상 지출할 때마다 그 물건을 왜 샀는지, 가게 상황은 어땠는지 짧게 메모했어요. 시간이 지나 이 일기를 다시 읽어 보면 제 소비 패턴이 명확히 보였습니다. 손님이 적은 날 위로 삼아 쇼핑하는 패턴, 매출이 좋을 때 흥분해서 불필요한 것까지 사는 습관 등이 그대로 드러났지요. 이런 자기 인식이 변화의 첫걸음이었습니다. 가장 큰 변화라고 한다면 소비의 우선순위를 재정립한 것입니다. 전에는 아이들 학원비는 아끼지 않으면서도 정작 가게 시설 투자나 비상금 마련은 후순위로 미뤘습니다. 이후에는 가게의 지속 가능한 운영과 가족의 안정적인 미래를 위한 지출에 우선순위를 두고, 당장의 만족을 주는 소비는 계획안에서 적절히 조절하게 되었습니다.

무조건 안 쓰기보다 현명하게 절약하려고 했습니다. 식비와 병원비를 제외한 다른 항목에는 일절 돈을 쓰지 않았던 것과 달리 사람도리를 위한 항목도 새로 만든 것이 대표적이었어요. 주변 사람들도 챙겨 가며 보내거나 가족들과 시간 및 공간을 공유하기 위한 활동을 위한 지출도 늘린 거죠. 대신 미리 계획하지 않은 부분에 대한 지출은 여전히 통제해 나가려고 애를 쓰면서 소비 그 자체에 대한 자책이나 반성을 그만하기로 했습니다. 이렇게 하자 놀랍게도 제 만족도는 올라갔지만, 지출은 오히려 줄었습니다. 돈 공부를 하기 전만 해도 매출의 대부분이 각종 비용과 불필요한 소비 그리고 가계에서 쓰는 돈으로 뒤죽박죽 섞이고 사라지기만 했습니다. 돈 공부를 하고 난 후 나 자신에게 월급을 주면서 규모 있는 가정경제를 별도로 꾸리고 그 중 저축하고 투자를 위한 자금도 따로 편성해 자산을 불려 나가고 있습니다.

이 변화는 단숨에 이루어진 것이 아닙니다. 처음에는 실수도 많았어요. 새 원칙을 세우고도 가끔 충동구매에 넘어가기도 했고, 때로는 너무 짠테크에 집착하여 스트레스를 받기도 했습니다. 허나 완벽하지 않아도 괜찮다는 것을 배웠습니다. 넘어져도 다시 일어나 원칙으로 돌아가는 것이 훨씬 더 중요하다는 것을 알게 된 거죠. 지름신과 짠테크 사이에서 균형을 찾는 것은 결코 쉬운 일이 아니었습니다. 자신의 소비 패턴을 돌아보고 명확한 원칙을 세우는 것에서 시작할 수 있습니다. 소비는 단순히 돈을 쓰는 행위가 아니라 자신의 가치관과 인생의 우선순위를 반영하는 일이기 때문입니다.

우연히 예전에 찍은 사진을 보면 아이들 뒤에 놓인 책장이 심심찮게 보입니다. 사진 속 책장에는 먼지만 쌓인 비싼 전집들이 꽂혀 있더라고요. 예전에는 자주 찾아오던 지름신이 그저 후회의 상징이었지만, 지금은 소중한 교훈을 준 선생님이 되었습니다. 그때 찾아온 지름신 덕분에 저는 더 현명한 소비자가 될 수 있었으니까요. 지름신과 짠테크 사이에서 저는 꾸준히 제 자신만의 균형점을 찾아가려 합니다. 어떻게 돈을 써야 내가 조금 더 행복할 수 있을지 그에 대한 해답을 향해 나아가는 중이기 때문입니다.

흘려보낸 돈은
다 어디로 갔을까?

원효정

매달 버는 돈은 어디론가 다 사라지고 통장 잔고는 늘 바닥을 헤매었습니다. 돈이 조금 모이려 하면 여기저기서 일이 터지는 바람에 손안의 모래알처럼 흩어져 버렸습니다.

"내가 그동안 번 돈은 도대체 다 어디로 간 걸까?"

이 질문에 답을 하려면 그동안 돈 쓴 내역들이 있어야 했습니다. 가계부를 쓰지 않았던 저에게 그런 내역이 있을 리 없었지요. 그나마 영수증과 카드 명세서를 하나하나 뒤져 가며 복원해 본 가계부는 충격적이었습니다. 모은 돈이 없었던 이유가 명백히 드러났기 때문입니다. 놀랍게도 계획 없는 마트 쇼핑이 가장 큰 지출이었습니다. 하루 11시간 장사하면서 일주일을 빠듯하게 보내다 보니 주말에는 좀 써도 괜찮다고 생각했습니다. 할 일이 없으면 차 끌고 아이들과 대형 마트에 가서 카트 한가득 장을 봐 왔습니다. 집에 오면 귀찮고 피곤하다는 이유로 밖에 나가 외식하기 바빴고요. 먹는 낙으로 살았기에 외식을 하더라도 소고기나 장어, 회처럼 비싼 음식들을 사 먹었습니다. 마트 한 번 가면 20~30만 원씩 쓰고 왔음에도 다음날 집밥을 해 먹으려 하면 딱히 먹을 것이 없었습니다. 마트 가서 식재료를 사기보다 옷이나 아이들 장난감 등을 사 왔기 때문입니다. 식재료를 사 왔으면 제대로 소진해야 했음에도 냉장고에 넣어 두기만 하다 보니 상해서 버린 적도 많았습니다. 다 흘려 버린 돈이었지요.

작은 충동구매들도 지갑에서 돈을 빼 갔습니다. 일과를 마치고 집으로 돌아가는 길에 근처 스타벅스에 잠시라도 앉아서 마시던 커피 한잔. 삶의 낙이었지만 매일 가다 보니 꽤 큰돈이 되었습니다. 아이들을 위한 작은 장난감도 마찬가지였습니다. 예쁜 쓰레기라 부르면서도 아이들에게 하나씩 쥐여 주면 좋은 엄마라도 된 것 같았습니다. 한 달이면 50~60만 원 정도였습니다. 현금으로 지출한 것들 포함하면 작은 충동구매들만으로도 월에 100만 원은 훌쩍 넘지 않았을까 싶습니다.

비상 지출도 예상보다 많았습니다. 돈에도 눈과 귀가 달렸다는 말처럼 돈이 모일 만하면 돈 쓸 일이 귀신같이 찾아오더라고요. 갑자기 가게 냉장고가 고장 나기도 하고, 아이들이 입원하거나 가게 오토바이가 멈춰 서기도 했습니다. 계획에 없던 돈이라 신용카드를 쓰거나 모아 가던 적금을 깨서 처리하기 바빴지요. 그때는 대출 받으면 큰일 나는 줄 알았던 터라 대출까진 받지 않아 다행이었어요. 만약 대출까지 냈다면 전혀 손댈 수 없을 정도로 사태가 악화되었을 겁니다.

지금은 구독경제 시대입니다. 가정마다 구독하고 있는 프로그램들이 한두 개 정도 있을 겁니다. 예전에는 이런 게 없었는데요. 넷플릭스, 유튜브 프리미엄, 쿠팡 등 매달 자동으로 결제되는 금액들이 있다면 경계해야겠지요. 결제되고 있는지조차 모른 채 돈이 빠져나가는 사람들도 있을 겁니다. 가계부를 쓰지 않으면 절대 알 수 없는 소액이지만, 모이면 큰돈이 되기에 무시해서는 안 될 겁니다.

감정에 휘둘린 보상 소비도 적지 않았습니다. 장사가 안 되는 날이면 우울한 마음을 달래기 위해 아이들에게 장난감을 사 줬습니다. 가끔 대박이 난 날에는 이 정도는 써도 괜찮다며 평소에 사지 않던 비싼 물건을 충동적으로 구매하기도 했습니다. 아이들과 함께 있어 주지 못한다는 죄책감은 물질적 보상으로 이어졌습니다. 아이들에게 비싼 옷이나 신발을 사 준다든지, 끼니마다 소고기를 구워 먹이거나 장난감도 안겨 줬습니다. 아이들이 조금 커지고 나서는 10만 원이 넘는 레고도 척척 사 줬습니다. 이런 감정 소비는 대개 후회로 이어졌습니다. 그때마다 다음부터는 아껴야겠다고 다짐했지만, 며칠 가지 못했지요. 마치 다이어트는 내일부터 한다거나 술을 끊겠다는 말뿐인 다짐과 같았습니다. 가장 충격적이었던 건 나도 모르게 새어 나간 돈이었습니다. 영수증을 확인할 수 없는, 어디에 썼는지 기억조차 나지 않는 금액이 한 달에 적게는 30만 원, 많게는 100만 원까지 있었습니다. 말 그대로 증발한 돈이었지요.

이 모든 것을 합치니 매달 벌어들이는 수입 대부분이 어디로 갔는지 명확해졌습니다. 더 큰 문제는 이런 지출 중 상당수가 삶의 질을 높이거나 가치 있는 경험을 제공하지 않았다는 사실이었습니다. 그저 습관적으로, 무의식적으로 돈을 흘려보내고 있었던 것이지요.

돈의 행방을 추적하는 시스템을 만들기로 했습니다. 가장 먼저 한 일은 모든 지출을 기록하는 습관을 들이는 것이었어요. 가계부 앱을 활용해 돈을 쓸 때마다 모두 기록했습니다. 결산이나 예산까지는 바라지 않았습니다. 그저 기록만 해도 잘하는 거라고 생각했지요. 다음으로 지출을 네 가지 카테고리로 분류했습니다. 도전 지출, 도전 외 지출, 충동구매, 예비비였어요. 도전 지출은 식비나 생활용품과 같이 생존에 필요한 것들입니다. 도전 외 지출은 생활비를 제외한 모든 비용입니다. 충동구매는 제가 경계해야 하는 영역이라 따로 관리하였고, 아이들에게 늘 해 주던 보상 소비도 충동구매에 포함시켜 예의주시했습니다.

지출의 우선순위도 정했습니다. 매달 허브 통장에 월급이 모이면 저축액을 먼저 떼어 놓은 후, 도전 지출과 도전 외 지출에 돈을 배분했습니다. 남은 금액은 비상금과 예비비로 나눴습니다. 이렇게 하니 자연스럽게 불필요한 소비가 줄어들었습니다. 또한 '자동 지출'을 정리했습니다. 모든 정기 구독과 자동 이체를 확인해 필요한 것만 남겼습니다. 1년에 몇 번 사용하지 않는 서비스는 과감히 해지했고, 비슷한 서비스는 하나만 남겼습니다. 이것만으로도 매달 15만 원이 절약되었습니다.

마지막으로 비상금과 비상자금을 따로 마련했습니다. 갑작스러운 지출에 대비해 3개월치 생활비를 별도 통장에 모아 두었어요. 이렇게 하니 예상치 못한 지출이 생겨도 신용카드에 의존하지 않게 되었습니다. 이런 변화를 시작한 지 6개월 만에 저는 처음으로 남는 돈을 경험했습니다. 수입은 같았는데 100만 원 이상의 여유자금이 생긴 것이지요. 3개월이 채 되기도 전에 마이너스 통장을 갚았고, 이후 저도 돈을 모을 수 있는 사람이었다는 사실을 새삼 깨닫게 되었죠.

가장 큰 변화는 돈에 대한 마음가짐이었습니다. 전에는 돈을 그냥 사라지는 존재로 생각했다면, 이제는 제가 통제할 수 있는 대상으로 바뀌었습니다. 지출 하나하나가 우선순위에 따른 저의 선택이며, 그 선택이 모여 저희 가정의 재정 상태를 결정한다는 사실을 알게 된 것이지요. 중요한 점은 돈을 아끼는 것과 가치 있게 쓰는 것은 다른 문제라는 겁니다. 무조건 안 쓰는 게 아니라, 제 삶에 진정한 가치를 더하는 곳에 집중적으로 투자하는 것이 중요했습니다. 아이들과의 여행이나 가게의 미래를 위한 투자처럼요. 또한 적은 금액을 얕보지 않기로 했습니다. 하루 5,000원씩 커피를 마시면 1년에 180만 원이나 됩니다. 그 5,000원을 안 쓰고 모으면 1년 뒤 180만 원의 씨앗머니가 되지요. 작은 습관이 쌓여 이뤄진 돈은 시간이 지나 큰 차이를 만듭니다.

흘려보낸 돈은 두 번 다시 같은 돈의 모습으로 돌아오지 않았습니다. 다만 그 경험을 통해 깨달아 배우고 성장할 수 있었습니다. 그 과정은 제게 들어온 돈이 다시 흘러 나가지 않도록 해 주었지요. 저는 이제 매달 가계부를 정리하며 제 자신에게 묻습니다.
"이 돈은 정말 가치 있게 쓰였을까?"
이 질문은 저의 소비 습관과 재정 상태를 완전히 바꾸어 놓았습니다. 중간중간 돈 관리가 어렵고 어떻게 이어 나가야 할지 길을 잃을 때면 이 질문을 떠올립니다. 질문의 답을 찾는 순간, 또 하나의 해답이 머릿속을 가득 채우게 되기 때문입니다. 이제는 제 돈을 목적 없이 흘려보내지 않으려 합니다.

몰라서 아니고
너무 많이 알아서

원효정

매일 아침 실행을 다짐하지만 쉽지 않습니다. 통장에 묵혀 둔 1천만 원을 어디에 투자할지 한 달째 고민 중이었으니까요. 처음에는 단순했습니다. 적금 금리가 너무 낮아 답답해서 은행 이자보다 조금 더 벌 수 있는 곳을 찾자는 생각이었죠. 정보를 찾기 시작한 순간부터 모든 것이 복잡해졌습니다. 네이버에 재테크와 관련된 내용을 검색하면 수십 개의 글이 쏟아져 나왔습니다. 블로그마다 추천하는 방법이 달랐습니다. 어떤 글에서는 절대 피하라고 경고하는 것을 다른 글에서는 최고의 투자처라고 소개하고 있었거든요. 유튜브로 넘어가니 상황은 더 심각해졌습니다. 한 유튜버는 지금 주식시장에 절대 들어가면 안 된다는 경고를 하는데, 다른 유튜버는 이 시기를 놓치면 최소 5년은 더 기다려야 한다고 재촉했어요. 누구는 미국 ETF를, 다른 이는 국내 우량주를, 어떤 사람은 가상화폐나 금을 추천했습니다.

투자 카페에 가입해 실시간 정보를 얻어 보기도 했습니다. 그곳에서는 매일 인기 있는 종목이 바뀌었어요. 월요일에 모두가 열광하던 주식이 수요일이면 절대 손대지 말아야 하는 종목으로 바뀌었습니다. 각자 자신의 투자법을 확신에 찬 목소리로 주장했지만, 그 방법들은 서로 완전히 상충되기 일쑤였습니다. 친구들에게 조언을 구했습니다. 소영이가 은행원과 상담해서 펀드에 투자했다고 하자, 수진이는 펀드가 수수료나 떼어 가는 사기라며 ETF에 투자하라고 했습니다. 수희는 마음 편히 배당주를 사라며 자신이 사둔 주식 목록을 보내 줬습니다. 가까운 친구마저 저마다 하는 말이 달라 혼란스러웠습니다.

1년 2개월 동안 200권 가까이 되는 책을 읽었습니다. 『현명한 투자자』, 『부자 아빠 가난한 아빠』, 『존 리의 금융투자』 등 재테크 책들은 저마다 나름의 투자 철학을 담고 있었습니다. 하지만 그 조언들마저 서로 다른 방향을 가리켰습니다. 어떤 책은 장기 투자를 강조했고, 다른 책은 시장 타이밍을 중요시하더라고요. 투자 강의도 들었습니다. 온라인 특강부터 오프라인 세미나까지, 유료 강의에 삼천만 원 가까이 지출했습니다. 각각의 강사들은 자신만의 필승법을 제시했지만, 그 방법들은 서로 달랐습니다. 어떤 강사는 테마주 투자를, 다른 강사는 가치투자를, 또 다른 강사는 시스템 트레이딩을 강조했기 때문입니다. 시간이 흐를수록 정보는 쌓였지만, 저는 여전히 결정을 내리지 못했습니다. 오히려 더 혼란스러워지더군요. 처음에는 몰라서 망설였다면, 이제는 너무 많이 알아서 망설이고 있던 것입니다.

책상에 쌓여 가는 투자 서적과 메모들을 보며 문득 깨달았습니다. 저는 분석 마비에 빠져 있었던 겁니다. 너무 많은 정보와 선택지 속에서 어떤 결정도 내리지 못하는 상태였습니다. 정보가 많을수록 더 좋은 결정을 내릴 수 있을 거라고 생각했지만, 실제로는 그 정보의 홍수가 저를 마비시켰던 것이죠. 투자에서 가장 큰 실수는 잘못된 결정을 내리는 것이 아니라, 아무 결정도 내리지 않는 것입니다. 완벽한 투자법을 찾으려다 정작 가장 중요한 것을 놓쳤습니다. 바로 실행이었습니다.

그날로 저는 과감히 모든 정보 수집을 중단했습니다. 지금 같아서는 여러 군데 몸담고 있는 오픈 채팅방에서 나왔을 테지요. 혹시 모를 정보에 대한 불안한 마음을 버렸습니다. 더 나아가 지금까지 배운 것 중에서 가장 공감 가는 원칙 몇 가지만 뽑아 큰 틀에서 저만의 투자 원칙을 세웠어요.

첫째, 투자는 장기적으로 한다.
둘째, 포트폴리오에 따라 나눠서 투자한다.
셋째, 이해할 수 없는 상품에는 투자하지 않는다.
넷째, 원금의 20%까지만 위험 자산에 투자한다.
다섯째, 한번 결정한 투자는 최소 1년간 지켜본다.

이 단순한 원칙들은 홍수처럼 쏟아져 나오는 정보보다 더 가치 있었습니다. 더 이상 혹시 모르는 정보라도 있지는 않을지 불안해 하지 않기로 했습니다. 결정을 내리고 나니 마음이 편안해졌습니다. 더 이상 매일 새로운 정보를 찾아 헤매지 않아도 되었고, 다른 사람들의 의견에 흔들리지 않을 수 있었습니다. 물론 원칙에 따른 제 투자가 항상 성공할 거라는 보장은 없습니다. 괜찮았습니다. 실패하게 된다면 어떤 원칙 또는 근거 때문인지 찾으면 그만이니까요. 더 큰 소득은 따로 있었습니다. 드디어 실행하기 시작했다는 점이었지요.

8년이 지난 지금, 원칙과 근거에 따른 투자는 시간을 먹고 자라 감사하게도 40억 이상의 자산을 만들어 주었습니다. 세상에 나오는 모든 정보에 귀 기울이지 않았음에도 충분히 가능한 일이더라고요. 대박 수익이 날 거라던 여러 다양한 투자 자산을 섭렵하지 않았더라도 말입니다. 더 이상 매일의 시장 변동에 일희일비하지 않습니다. 제가 세운 원칙에 따라 장기적인 관점에서 투자를 바라보고 있으니까요.

재테크에서 중요한 것은 완벽한 정보를 갖추는 것이 아니라, 자신만의 원칙을 세우고 그에 따라 꾸준히 행동하는 것입니다. 완벽한 투자법이란 존재하지 않기 때문입니다. 모든 사람에게 들어맞는 만능 공식은 없어요. 대신, 자신의 상황과 성향에 맞는 투자 원칙을 세우고 그것을 실천하는 것이 중요합니다. 전문가들의 의견이 서로 다른 이유는 그들이 모두 서로 다른 관점과 경험, 목표를 가지고 있기 때문입니다. 누군가에게는 완벽하다 할 수 있는 투자법이 다른 이에게는 최악의 선택일 수 있거든요. 중요한 것은 남들이 아닌 나에게 맞는 방법을 찾는 일입니다.

정보의 바다를 넘어 정보의 홍수 속에 살고 있습니다. 스마트폰만 있으면 수천, 수만 개의 투자 정보에 즉시 접근할 수 있는 시대지요. 더 많은 정보가 있다고 해서 항상 더 나은 결정으로 이어지는 것은 아닙니다. 알게 된 정보를 자신만의 투자 근거로 삼고 원칙을 세워 그에 따라 실행하는 것이 더 중요하기 때문입니다.

너무 많이 알아서 실행하지 못하곤 합니다. 몰라서 못 한다고만 생각했는데, 오히려 선택지가 많아지니 선뜻 고르기 어렵거든요. 투자를 함에 있어서 모든 정보를 다 알 필요도 없고, 그럴 수도 없습니다. 자신에게 맞는 몇 가지 원칙을 세우고, 그에 따라 행동하는 것이 중요한 이유입니다. 아무리 가치 있는 정보라 하더라도 실행하지 않는다면 그저 정보로만 남게 마련입니다. 근거만 명확하다면 만에 하나 실수를 하더라도 새로운 경험이 되지요. 그 경험은 세상에 떠도는 어떤 정보보다 귀한 가치를 갖고 있습니다. 너무 많이 알아서 행동하지 못하는 것보다, 알게 된 정보를 실행의 근거로 정리해 행동하는 것이 더 나은 결과를 가져옵니다. 완벽한 타이밍과 투자법을 찾는 데 시간을 허비하지 마세요. 지금 바로 실행하는 겁니다. 그것이 자산을 이루는 가장 첫 번째 발걸음이 되어 줄 테니까요.

돈, 돈, 돈, 돈 때문에

원효정

    돈이 제 삶의 리모컨을 쥐고 있는 것 같았습니다. 가만있다가는 뒤처질 것 같다는 불안감은 끊임없이 돈에 집착하게 만들었습니다. 타인의 성공담은 확성기를 탄 것처럼 크게 들리고, 실패담은 속삭임보다도 작게 들렸습니다. SNS 피드는 누군가의 해외여행, 주식 수익 인증, 새 아파트 뷰 사진으로 가득합니다. 이런 것들을 보면 대부분 자신만이 뒤처진다는 기분을 느끼죠. 저 역시 30대에는 사는 곳이나 아이들이 입은 옷이 곧 인정이라는 생각이 자리 잡았습니다. 어디 사는지 묻는 말은 마치 나의 가치가 얼마인지 따지는 질문처럼 들렸죠. 그러다 보니 더욱 돈을 벌어야겠다는 생각이 강했습니다. 남편 역시 부모님 도움 없이 밑바닥부터 장사를 시작해 먹고사는 문제를 해결해 오다 보니 돈을 많이 버는 것이 인생의 중요한 목표가 되었습니다. 가게 문을 하루라도 닫으면 큰일 나는 줄 알고 살아왔죠.

    아이들이 태어나면서 돈에 대한 부담은 커졌습니다. 더군다나 둘째 아이가 아프게 태어나면서 필요한 돈은 늘어만 갔고, 불안감도 함께 높아졌지요. 장사하다 보니 연휴, 휴가, 명절이라고 상여금이 나오는 것도 아니었습니다. 딱히 퇴직금도 없어서 둘 중 누구 하나라도 다치면 생업이 끊길 수밖에 없는 구조였습니다. 남편과의 대화도 어느새 생활비, 병원비, 집 문제가 중심이 되었습니다. 아버님이 다치신 뒤에는 돈 문제로 자주 다퉜고요. 돈 공부를 시작하고 나서는 제가 저축이나 투자에 대한 이야기를 자주 꺼냈고, 그럴 때마다 보수적인 남편은 하락에 대한 리스크를 이야기했습니다. 낙관적인 부분만 바라보던 저는 늘 남편이 발목을 잡는 것 같아 답답하기만 했습니다. 그러다 보니 정작 중요한 질문 하나를 빠뜨리며 살아왔더라고요.

"내가 진짜 원하는 삶은 무엇인가?"

돌이켜 보면, 사는 내내 '돈, 돈, 돈'만 외치며 달려오는 동안 정작 저는 왜 돈을 모아야 하는지 묻지 않았습니다. 내 이름 석 자로 된 집을 가질 자유, 퇴근 후 가족과 함께 시간을 보낼 수 있는 여유, 일하지 않고 편히 쉴 수 있는 삶 등 가장 중요한 질문이 빠진 채 나아가는 재테크는 항로 없이 바다로 나간 배와 같았습니다. 아이들이 잠든 어느 날 밤, 좁은 거실에 앉아 왜 이렇게 돈에 집착하게 되었는지 생각해 봤습니다. 돈이 행복을 가져다주진 않는다고 하면서도 왜 늘 돈 문제가 앞서면 불안해하고, 돈이 생기면 안도감을 느끼는 것인지.

어린 시절 저희 집은 경제적으로 넉넉하지 못했습니다. 부모님은 항상 돈이 없다는 이유로 많은 것을 포기하셨지요. 여행 한번 제대로 가 본 적이 없어서 지금도 저는 여행이 그저 불편합니다. 학원에 보내 주지 못한다 하셔서 교재를 여러 번 돌려 가며 풀거나 선생님께서 줘여 주신 교사용 지도서로 혼자 공부했던 기억도 납니다. 고등학교 2학년 때 처음으로 롯데리아에 가 보고는 만세를 부르기도 했네요. 부모님이 돈 때문에 언성을 높이며 싸웠던 때가 행복하게 웃었던 날보다 더 많았습니다. 이런 경험들이 제 무의식 속에 돈은 곧 안전이라는 등식을 심어 놓았던 겁니다. 돈이 없으면 안전하지 않다는 등식을요.

돈 때문이 아니라 돈 덕분이라는 전환점이 생긴 것은 다름아닌 책 한 권을 만난 순간이었습니다. 그 책은 잔뜩 움켜쥔 채 무엇부터 어떻게 해결해야 할지 쩔쩔매던 저에게 돈 관리의 순서를 알려 주었습니다. 무엇을 가장 우선해야 하는지 가르쳐 주었어요. 여러 사람들의 사례를 하나하나 작가가 풀어 주는 것을 보면서 제 돈에게도 적용할 점들을 많이 찾았던 거죠. 절박한 마음에 찾았던 책 한 권이 제 돈에게 길을 터 주었고, 어느새 저는 돈의 진정한 가치에 대해 깊이 고민하는 사람이 되었습니다. 이전에 돈을 많이 벌어야 했고, 쓰면 절대로 안 된다 생각했던 일상을 살짝 틀어 준 거죠. 이후 돈은 그 자체로 목적이 아니라 제 삶의 가치와 목표를 실현하기 위해 필요한 도구라는 것을 깨달았습니다. 더 나아가 우리는 종종 그 도구에 지나친 의미를 부여한다는 것을 알았습니다.

가계부에도 당연히 변화가 생겼습니다. 그저 숫자를 적는 행위만으로는 인생이 바뀌지 않는다는 것을 알아챈 거죠. 중요한 것은 '가계부에 돈을 쓴 내역을 적으면서 무엇을 느끼고 바라는가'였습니다. 지출 항목을 너무 세세하게 나누기보다 여섯 가지 큰 카테고리로 나눠 각각의 색을 정해 주었습니다. 또한 돈을 쓰면서 느꼈던 생각과 감정을 돈 쓴 내역과 함께 기록하기 시작했습니다. 반성과 자책으로 점철되었던 가계부에, 돈을 쓴 순간에 대한 의미를 부여하기 시작했습니다. 반성과 자책 끝에는 늘 합리화하는 이유가 붙었으나, 의미를 부여하고 나니 그다음을 다짐하게 되었지요. 어떤 소비가 나를 살리고 괴롭히는지 서서히 보였습니다. 가족과 함께 지키고 싶고 나아가고 싶은 가치의 방향을 정했습니다. 어떻게 살아야 행복할지 각자의 꿈과 비전을 말해 보기도 하고요. 하루하루 살아 내기 급급했던 우리 가족의 시계에 계획과 목표가 더해지니 같은 방향을 바라보며 나아갈 수 있었습니다. 매달 말일, 가계부를 브리핑하며 함께 돈에 대해 이야기를 나누는 머니플랜데이 시간을 통해 돈이란 것이 다툼과 불안의 씨앗이 아닌 가족의 행복을 그릴 수 있는 도구가 될 수 있다는 것도 알게 되었지요. 남들이 투자 수익들만 이야기할 때 저는 다르게 접근했습니다. 잉여자금은 경험으로 계산하였고, 배당금은 또 다른 월급으로, 월세 수입은 마음의 안정으로 번역하였습니다. 숫자를 생활로 연결하니 투자나 저축의 의미도 달라졌습니다.

뒤돌아 생각해 보면 남편도, 저도, 또 아이들도 바라는 것은 크지 않았습니다. 비싼 물건을 사야만 행복한 것도 아니었습니다. 그저 함께 시간과 공간을 공유하는 순간들만으로도 행복해하던 우리 가족이었음을 참으로 늦게 알았던 겁니다. 돈에 대해 솔직하게 이야기하지 않았다면 계속 돈 얘기로 싸우기만 했을 텐데 말이에요. 돈 이야기를 계속 혼자 품고 있었다면 부담은 두 배요, 기쁨은 절반이었을 겁니다. 함께 이야기를 나누며 각자의 꿈과 목표를 이야기하다 보니 부담은 줄고, 행복이 커졌습니다. 아이들은 자신들의 용돈 중 일부를 덜어 주식 투자를 하며 자산을 스스로 키워 가기로 했습니다. 남편 역시 용돈을 더 늘리지 않더라도 우리 가족의 자산이 커지기 위한 길에 힘을 보태기로 했습니다.

가족의 목표가 한데 모이자 돈은 더 이상 추상적인 숫자가 아니라 함께 그리는 미래의 내비게이션이 되었습니다. 돈이 우리를 몰아붙이는 채찍이 아니라, 여행 가방처럼 설레는 존재가 되었죠. 이제 저희 부부는 단순히 얼마를 벌고 모았는지가 아니라 이 돈으로 살고 싶은 삶에 대해 이야기합니다. 돈에 대한 관점이 바뀌자, 돈 문제로 인한 스트레스도 줄어들었습니다. 여전히 우리가 세운 목표 지점을 향해 나아가며 노력하고 있지만, 더 이상 그 자체가 삶의 전부는 아니거든요. 이제는 돈이 부족하다고 해서 불안해하거나, 돈을 많이 번다고 해서 제 자신의 가치가 높아지는 것도 아니라는 걸 잘 압니다.

세상은 여전히 '돈, 돈, 돈' 외치며 달려갑니다. 지하철 광고판부터 스마트폰 알람까지 지금 당장 투자하지 않으면 뒤처질 거라는 메시지를 끊임없이 세상 사람들에게 내어 보이고 있어요. 허나 이제 저는 그 소음 속에서도 저만의 속도를 유지할 수 있습니다. '돈 때문에'라는 말을 이제는 다르게 해석하고 있거든요. 돈 때문에 하기 싫은 일을 하는 것이 아니라, 돈 덕분에 진정으로 가치를 두는 일을 할 수 있게 되었습니다. 삶을 살아가는 데에 돈은 꼭 필요한 존재입니다. 다만, 돈이 제 삶의 주인이 되도록 내버려 두는 것은 위험한 일이지요. 돈과의 건강한 관계를 정립할 때 돈은 주인이 아닌 도구며, 그 자체가 목적이 아닌 수단임을 이제는 조금 알 것 같습니다.

소비 습관
돌아보는 법

원효정

계좌 잔고는 바닥을 치는데 도대체 돈은 어디로 사라진 걸까요? 월급은 매달 들어오는데 통장에 쌓이는 돈은 없고, 오히려 카드값은 점점 늘어나는 이 악순환의 고리를 끊고 싶었습니다. 하여 저의 소비 습관을 돌아보는 것부터 시작했습니다. 3개월분의 카드 사용 내역을 카드사 홈페이지에서 다운로드해 출력한 뒤 앞에 놓고 한숨을 쉬며 조용히 읊조렸습니다.

'나 도대체 뭘 위해 이렇게 돈을 쓰고 있는 거였지?'

소비 습관을 정면으로 마주한 첫 번째 순간이었습니다. 종종 필요해서 물건을 산다고 생각하지만, 조금만 더 깊이 들여다보면 그 이면에는 다양한 감정과 심리가 숨어있습니다. 따라서 이를 제대로 파악하기 위해 돈 쓴 내역을 무조건 적으면서 하나를 더했습니다. 지출 내역을 놓치지 않고 기록하면서도 각 지출의 합산 아래에 그날의 감정을 피드백 한 거죠. 제가 적었던 피드백 감정들에는 대부분 피곤함, 우울함, 기쁨, 무시당하지 않기, 보상 등이었습니다. 놀랍게도 충동구매를 한 대부분의 날에는 피곤하다거나 우울하다는 단어도 적혀 있었습니다. 힘든 하루를 보상받고 싶어서, 또는 스트레스를 해소하기 위해 무언가를 샀던 것이었습니다. 반면 계획해서 쓴 돈에는 기쁘다거나 만족했다는 등의 긍정적인 감정이 더 많이 적혀있었습니다.

돈을 쓰는 진짜 이유를 알아차리는 것이 중요한 이유입니다. 물건이 필요해서가 아니라, 그 순간의 감정을 달래기 위해 소비하는 패턴이 생기기 쉽거든요. 저에게도 소비를 촉발하는 특정 트리거가 있었습니다. 심심해서 접속하는 온라인 쇼핑몰이 가장 컸지요. 장사하면서 또는 아이들 키우면서 받은 스트레스를 잠시나마 잊기 위해 충동적으로 들어가 죄다 장바구니에 담아 두곤 했습니다. 더 깊은 고민은 머리만 아프니까 어떤 시점이 되면 한꺼번에 결제하기 일쑤였어요. 그 트리거는 남편과 다투고 났을 때 가장 자주 당겨지곤 했습니다. 소비 패턴을 파악한 후에는 의식적으로 그것을 피하거나 대안을 찾았습니다. 쇼핑 앱을 지우고, 앱 카드를 삭제하기도 하고, 저 스스로가 스트레스를 해소할 수 있는 다른 방법을 찾았습니다. 욕받이 노트를 쓰면서 감정을 풀거나, 무작정 아파트 단지를 걸었던 것도 도움이 되었습니다. 부정적인 감정을 풀어내는 여러 가지 방법들을 마련해 두고 하나씩 써먹었습니다. 생각보다 돈을 들이지 않고도 스트레스를 해소할 수 있는 다양한 방법들이 있더군요.

소비 습관을 돌아보면서 '가치 기반 소비'라는 개념을 발견했습니다. 가치 기반 소비란, 모든 돈을 무조건 아끼기만 하는 것이 아니라 저에게 진정한 가치를 주는 것에 돈을 쓰는 방식을 말합니다. 저의 소비에 큰 전환점이 되었지요. 자신을 들여다보는 것이 먼저인 이유도 나 그리고 우리 가족에게 가치 있는 것이 무엇인지 알아야 제대로 돈을 쓸 수 있기 때문입니다. 하여 저에게 물었습니다. 어떤 가치를 중요하게 생각하고 있는지를요. 처음에는 도통 모르겠더라고요. 그러다 세 가지의 가치를 찾았습니다. 저는 행복, 자기 효능감 그리고 성장을 중요하게 생각하는 사람이었습니다. 이후 돈을 쓸 때마다 그 지출이 이 세 가지 가치에 해당하는지 먼저 따져 보았습니다. 가족과 함께 시간과 공간을 공유하는 활동, 나 스스로가 주도해서 판단했던 결정, 성장을 위한 배움 등의 소비는 세 가지 가치에 부합했습니다. 반면, 남들 따라 사던 물건이나 무시당하지 않기 위해 자진해서 쓰던 돈들은 세 가지 가치와 거리가 멀었습니다. 이렇게 가치를 기준으로 소비를 평가하니 돈을 쓰는 것에 대한 후회나 죄책감이 줄어들었습니다. 대신 소비의 만족도는 높아졌지요. 돈을 덜 쓰게 된 것이 아니라, 더 의미 있게 쓰게 된 거예요.

충동구매를 줄이기 위해 24시간 룰을 도입했습니다. 계획에 없던 물건을 사고 싶을 때 바로 결제하지 않고, 최소 24시간을 기다린 거죠. 그 시간 동안 정말 필요한 물건인지, 없으면 제 삶에 진짜 큰일이 나는지, 제가 정한 소비의 가치에 부합하는지 다시 생각해 보았습니다. 놀랍게도 대부분의 경우 하루가 지나면 그 물건에 대한 욕구가 사라졌습니다. 처음에는 24시간을 기다리는 것이 고역이었지만, 나중에는 잊고 지낼 때가 많아졌습니다. 굳이 당장 필요하지 않았음에도 결제하는 순간을 못 참았던 거였죠. 물건이 필요해서라기보다 결제하는 그 순간의 쾌감을 더 즐겼던 모양입니다. 그야말로 충. 동. 구. 매! 결제하는 그 순간 느꼈던 즐거움을 경계하기 위해서라도 8년이 지난 지금도 제 가계부에는 충동구매 항목을 삭제하지 않고 놔두고 있습니다. 점점 생존에 꼭 필요한 것들만 장바구니에 남게 되었고, 그렇게 해서 불필요한 소비를 크게 줄일 수 있었습니다. 이 룰은 특히 온라인 쇼핑에 효과적이었기에 저의 소비 트리거를 원천 봉쇄 할 수 있었던 고마운 원칙이 되었습니다.

돈을 쓰는 행위 앞에서 저는 저에게 세 가지 질문을 던지곤 합니다.

이것 없이는 정말 살아갈 수 없는 것인가?
이 물건은 내 삶에 어떤 가치를 더해 주겠는가?
한 달 후에도 이 물건을 사고 싶어질까?

세 질문에 모두 긍정적인 답을 할 수 있을 때만 돈을 썼습니다. 더 나아가 스스로에게 했던 질문들은 배움에 대한 소비에 가중치를 주었고, 배움을 돈으로 바꿔 더 많은 소득을 만들어 냈습니다. 무의식적인 소비가 아닌, 의식적이고 의미 있는 소비를 하게 된 거죠.

소비 습관을 돌아보는 과정에서 무지출데이에 의미를 두기도 했습니다. 지출하지 않은 날에는 가계부에 '무지출' 스티커를 붙여 저를 칭찬해 준 거죠. 고정 지출이 아닌 제가 늘 경계하고 예산 안에서 쓰려고 하는 도전 지출 관련해서 돈을 쓰지 않은 날을 무지출데이로 만들어 가는 거죠. 처음에는 무지출 스티커를 붙이기 위해 억지로 안 쓰기도 했지만, 시간이 지날수록 무지출만이 가계부의 목적은 아니라는 것도 알게 되었습니다. 오늘 쓸 돈을 내일로 미루는 것이 아닌, 그야말로 쓰지 않은 날을 만들어 가는 게 더 중요하기 때문입니다. 소비 유예가 아닌 소비 중단의 개념인 무지출 스티커는 살아가면서 필요한 물건이란 게 생각보다 훨씬 적다는 것, 그리고 소유가 아닌 경험에서 더 큰 행복을 찾을 수 있다는 사실을 알려 주었습니다. 불필요한 물건이 줄어들자 집 안도 정리되고, 마음의 여유도 생겼습니다. 소비를 통해 채우려 했던 공허함을 다른 방식으로 채울 수 있었습니다.

단순히 지출을 기록하기만 하면 가계부를 쓰다가 쉽게 포기할 수 있습니다. 하여 기록을 넘어 가계부를 소비의 패턴과 흐름을 파악하는 도구로 만들어 가려 했습니다. 그러기 위해 매주 일요일 저녁, 일주일간의 소비를 돌아보며 결산하는 시간을 가졌습니다.

단순히 금액을 합산하는 시간은 아니었습니다. 어떤 상황에서 어떤 감정으로 소비했는지, 그 소비가 나에게 어떤 가치를 주었는지를 성찰하곤 했지요. 소비 습관을 돌아보는 목적은 단순히 돈을 덜 쓰기 위해서가 아닌, 더 의식적이고, 더 의미 있는 소비를 통해 진정한 만족과 행복을 찾기 위해서입니다. 무의식적인 소비는 순간의 만족만을 주지만, 의식적인 소비는 지속 가능한 행복으로 이어질 수 있기 때문입니다. 소비의 습관과 패턴을 돌아보는 시간은 단순한 돈 관리를 넘어, 저에 대한 이해와 성장의 과정이 되어 주었습니다. 제가 쓰는 돈은 제가 어떤 사람인지, 무엇을 중요하게 생각하는 사람인지를 반영합니다. 따라서 이제는 돈 쓴 내역을 보며 한숨 쉬는 대신, 제 소비가 저의 가치와 목표에 얼마나 부합했는지 점검합니다. 그 속에서 더 나은 저를 만들어 가고 있어요. 소비 습관을 돌아보는 일은 단순한 절약을 넘어 제 삶에 대한 주도권을 되찾는 과정이 되어 주었습니다.

돈의 주인으로
거듭나기 위하여

원효정

　불안함과 조급함으로 인해 돈 앞에서 흔들리기도 했습니다. 스트레스로 합리적 판단을 내리지 못한 적도 많았습니다. 지름신의 유혹에 넘어가 자주 충동구매를 했습니다. 반대로 짠테크에 매몰되어 삶의 균형을 잃었던 적도 있었습니다. 관리하지 않은 돈은 어디론가 새어 나가기 마련이었고, 때로는 너무 많은 정보 속에서 우왕좌왕하곤 했습니다. 돈 때문에 삶이 바닥을 치기도 했고, 건강하지 못한 소비 습관으로 고통받았습니다.
　이 모든 상황은 결국 하나의 문제로 귀결되었습니다. 돈의 주인이 아니라 돈의 노예였던 거죠. 더 이상 이렇게 살고 싶지 않았습니다. 어떻게 해야 돈의 주인으로 거듭날 수 있는 건지 방법을 찾아 헤맸습니다. 여러 번의 시행착오 끝에 지금은 조금씩 돈의 주인으로 살아갈 수 있는 해답을 쥐고 나아가고 있습니다.

　돈의 주인이 되기 위한 출발점은 자기 인식부터였어요. 돈에 휘둘리는 근본적인 이유는 돈에 대한 자신의 감정과 태도를 제대로 인식하지 못하기 때문이더라고요. 어린 시절부터 형성된 돈에 대한 믿음, 돈과 관련된 부정적 경험, 사회적 비교에서 오는 불안감 등이 돈에 대한 여러 가지 결정에 무의식적으로 영향을 미쳤습니다. 돈의 주인이 되기 위한 첫 번째로 이러한 내면의 목소리에 귀 기울이기로 한 거죠. 왜 이런 소비를 하게 되는지, 돈이 부족하다고 느낄 때 어떤 감정이 드는지, 돈에 어떤 의미를 부여하고 있는지 등을 저에게 묻고 솔직하게 답해 갔어요. 자기 인식이 없는 돈 관리는 뿌리 없는 나무와 같았기 때문입니다.

자기 인식을 하고 나서야 비로소 돈과의 관계에서 주도권을 되찾을 수 있는 준비가 됩니다. 돈과의 관계에서 주도권을 잃었을 때 돈에 휘둘리거든요. 감정에 따라 소비하고, 충동적으로 투자하며, 남들의 기준에 맞추며 살아왔던 시간 속에서 점점 돈에 끌려다녔습니다. 주도권을 되찾기 위해서 명확한 원칙과 기준이 필요한데, 이 또한 자기 인식에서 비롯됩니다. 수입의 몇 퍼센트를 저축할 것인지, 소비는 어떤 기준선 안에서 할 것인지, 투자를 하게 되면 어떤 조건에 맞춰 진행할 것인지 등의 구체적인 원칙을 세울 수 있죠. 조금씩 저 자신만의 원칙을 세워 나가다 보니 예전보다는 외부 상황이나 감정에 덜 흔들릴 수 있었습니다. 제 기준과 원칙에 의해 돈을 관리하다 보니 돈에게 있던 주도권이 점차 저에게 옮겨 왔습니다.

무의식적인 소비는 자연스레 충동구매와 연결됩니다. 저희 집 재정을 갉아먹는 주요 원인이었지요. 따라서 돈에 대한 주도권을 쥐고 의식적으로 소비하는 것은 건강한 돈 관리의 핵심입니다. 의식적인 소비란, 단순히 아끼고 절약하는 것이 아니라 자신의 가치와 목표에 부합하는 소비를 말합니다. 지출하기 전에 이 소비가 나에게 진정한 가치를 더해 주는지 답을 찾으려 했지요. 가치 있는 소비라는 판단이 서면 인색하지 않게 쓰려고 했고, 가치 없는 소비는 과감히 줄이려고 했던 게 주효했어요. 이렇게 하다 보니 같은 금액을 써도 얻는 만족과 행복이 달라졌습니다.

의식적인 소비를 실천하기 위해 감정과 돈을 분리해야 할 필요가 있었습니다. 돈에 휘둘리는 가장 큰 이유 중 하나는 돈과 감정이 뒤엉켜 있었기 때문입니다. 스트레스를 받으면 충동구매를 하고, 불안하면 무리한 투자를 하며, 타인과 비교해 상대적 박탈감을 느끼면 채우기 위해 돈을 쓰거든요. 삶의 꽤 큰 부분에서 감정이 돈을 결정하고 있었습니다. 하여 돈을 써야 할 때면 분리시키는 연습을 했습니다. 투자나 큰 지출을 결정하기 전에 24시간 동안 냉각기간을 가지거나, 소비 충동이 들 때 대체할 수 있는 활동을 미리 정해 두었던 것도 도움이 되었습니다. 또한 돈에 대한 결정을 내릴 때는 감정이 아닌 데이터와 사실에 기반한 판단을 내리려고 기록을 남기고 피드백도 열심히 했습니다.

원칙들을 실행하기 위해서는 체계적인 시스템이 필요합니다. 굳은 의지로 결심하고 돈 관리 습관을 바꾸려고 하지만, 바로 변화하지 않더라고요. 사람의 의지에는 한계가 명확히 존재하기 때문입니다. 아무리 결심하고 의지를 다진다 하더라도 오래 지속하기 어렵거든요. 허나, 자동화된 시스템과 구조를 갖추고 나니 의지만을 갖고 있을 때보다 수월해졌습니다. 자동 이체로 저축과 투자를 설정하고, 목적별로 통장을 나누며, 정기적으로 결산하고 피드백 하는 시간을 가지는 등의 시스템이 큰 도움이 되었습니다. 이렇게 하니 매번 의사 결정을 해야 하는 부담이 줄어들고, 조금은 일관된 돈 관리가 가능해졌습니다.

시스템이 자리를 잡고 안정적으로 돈을 관리하고 나니 자연스럽게 수입원을 다각화시키는 데에 관심이 생겼습니다. 한곳에만 의존하는 수입은 언제든 위험에 노출될 수 있거든요. 생계형 자영업자였던 저희 부부 역시 누구 한 사람이 크게 다치거나 하면 가게 문을 닫아야 할 수도 있다는 불안이 컸습니다. 수입원을 다양하게 만든다면 재정적 안정성을 높이는 동시에 돈에 대한 자신감과 통제력을 강화할 수 있겠다고 생각했지요. 장사라는 본업 외에도 부업, 투자 수익, 부동산 임대 수입 등 다양한 경로로 돈이 들어오게 하는 방법을 찾고 싶었습니다. 처음부터 큰 수익을 기대하기보다는, 작은 것부터 시작해 점차 확장해 나가려고 했습니다. 그 결과, 최근 남편이 손을 다쳐 수술하게 되었을 때도 마음 편히 가게 문을 닫고 쉴 수 있게 되었습니다.

돈을 모으고 불려 나가는 과정에서 또 하나 중요한 동반자는 지식입니다. 돈에 대한 불안과 두려움은 종종 무지에서 비롯되기 때문이에요. 금융 지식이 부족하면 남들의 말에 쉽게 휘둘리고, 시장 변동에 과민 반응하게 됩니다. 하여 배움을 멈추지 않았습니다. 책을 읽었고, 신뢰할 수 있는 강의를 들었고, 때로는 전문가의 조언을 구했습니다. 결과가 나오면서 멈추고 안주하려는 마음을 경계했어요. 원하는 목표에 도달할 때까지 작은 성과에 만족하려 하지 않았습니다. 다만 정보의 홍수 시대에 과한 정보의 늪에 빠지지 않도록 소음을 차단하고, 저 자신이 세운 기준과 원칙에 집중하려고 했습니다.

마지막으로 제가 찾은 가장 중요한 해답은 돈이 인생의 목적이 아닌 도구라는 사실을 항상 기억하는 것입니다. 돈 그 자체는 행복을 가져다주지 않습니다. 돈을 통해 실현하고자 하는 가치와 목표가 진정한 행복의 원천이기 때문입니다. 왜 돈을 모으고 불리려 하는지 그 질문에 명확한 답을 손에 쥐고 앞으로 나아가려 했어요. 돈만을 목적으로 한다면 아무리 많은 돈을 모아도 만족하기 어렵기 때문이에요.

돈에 휘둘리는 삶에서 벗어나 돈의 주인으로 거듭나는 일은 하루아침에 일어나지 않습니다. 지금까지 살펴본 자기 인식, 감정 다스리기, 의식적 소비, 체계적 시스템 구축 등은 모두 그 길의 중요한 이정표였지요. 이러한 원칙들을 바탕으로 한 첫 번째 실질적인 행동, 즉 씨앗머니를 마련하는 일은 그 길에서 가장 중요했습니다. 작은 씨앗이 시간이 지나면서 단단한 뿌리를 내리고 거대한 나무로 자라나듯, 제 돈의 미래도 그렇게 시작되었습니다. 돈의 주인으로 거듭나기 위한 첫걸음은 바로 이 씨앗을 심는 것입니다. 그 첫걸음을 내딛는 순간, 저는 돈에 휘둘리는 삶에서 벗어나 돈의 주인으로 향하는 의미 있는 변화를 시작한 겁니다.

제2장

씨앗머니는
재테크의 첫걸음

씨앗머니, 왜 필요한가

유현주

남편과 알콩달콩 살면 마냥 신이 날 것만 같았던 원룸도 역시 겨울에는 추웠습니다. 어렸을 때 살던 집도 외풍이 심해 한겨울에는 집 안에 있어도 입김이 나올 정도였거든요. 유독 약하고 추위를 많이 탔던 터라 친구들이 살던 아파트가 부러웠습니다. 나중에 결혼하면 나도 아파트에서 살고 싶다고 생각했는데, 정작 결혼할 때는 돈이 부족해서 아파트는 생각조차 할 수 없었습니다. 그저 있는 돈에 맞춰 방을 구했던 제가 원망스러웠습니다.

아이를 저처럼 추운 곳에서 키우고 싶지 않았습니다. 더군다나 원룸은 아이를 키우며 살기에는 비좁았습니다. 부랴부랴 친정과 같은 아파트 단지로 이사했습니다. 비록 오래된 집이었지만 아파트는 아파트였어요. 겨울에도 따뜻했고, 방도 2칸이라 세 식구가 살기에 좋다고 생각했습니다. 기쁨도 잠시, 아이가 커 가면서 이 집도 좁아지기 시작했습니다. 엘리베이터도 없던 5층 아파트라 계단 오르내리는 것도 힘들더군요. 지금보다 아이 공부시키기 좋은 곳이었으면 좋겠다고 생각했습니다. 엘리베이터도 있으면 더 좋겠다고 생각하니 또 이사가 간절해졌습니다.

가진 돈이 얼마인지조차 모르고 살았기에 남편과 머리 맞대고 계산해 보기 시작합니다. 그동안 맞벌이하면서 굶지 않았으니 적자는 아니라고 생각했지만 착각이었습니다. 적금을 들기는커녕 그저 한 달 벌어 한 달 잘 쓰면서 살아왔더군요. 그제야 마주칠 때마다 아이 없을 때 돈 바짝 모으라고 했던 원룸 주인아주머니 말이 스치듯 떠올랐습니다. 후회해도 소용없었습니다. 이미 아이의 장난감은 발 디딜 틈도 없이 꽉 찼고, 아이의 전집은 2칸짜리 방을 가득 채웠습니다. 아이 옷장은 마구 질러 버린 옷으로 터져 나가기 일보 직전이었고, 일한다는 핑계로 주말마다 외식하며 신나게 돈을 썼더라고요. 정신 차리고 집밥 해 먹겠다고 다짐했는데, 정작 잿밥에만 눈이 멀었습니다. 요리책이며 화려한 조리 도구와 식재료들을 사서 싱크대, 책장과 냉장고를 가득 채워 놓고 또 귀찮고 힘들다는 이유로 집밥은 소홀해졌고, 물러져 버린 음식물은 쓰레기통으로 직행하곤 했습니다. 계획 없이 족족 써 댔으니 통장은 텅 비어 있었습니다.

더 이상 자책은 하지 않기로 했습니다. 아이가 초등학교에 들어가려면 3년 남은 시점이기에 종잣돈을 부지런히 모으자 결심했습니다. 내 집을 반드시 사겠다며 계획을 세웠죠. 학업 분위기가 우수하고, 교통과 위치가 좋은 곳으로 살펴보고, 엘리베이터 유무도 집 사는 조건에 넣었습니다. 이렇게 계획을 세우니 실천 방법으로 가계부를 써야겠다는 생각이 들었어요.

아이 옷은 이웃에게 물려받아 입히고, 전집도 더 이상 사지 않았어요. 아이가 좋아하는 책은 낱권으로 사고, 도서관에서 빌려 읽혔습니다. 장난감도 아이를 설득하고 달래면서 최소한으로 샀습니다. 음식도 할 수 있는 메뉴들 위주로 해 먹고 버리는 재료가 없게 식단을 짜서 집밥을 준비했습니다. 적금 들고, 남은 돈으로 생활하면서 잉여금을 만들기 시작했답니다.

내 집 마련이라는 목표 하나만 보고 꾸준히 아껴 쓰고 모았답니다. 목표가 생기니 절약이 더 잘 되더라고요. 그만큼 간절했습니다. 가끔 외식하며 기분 전환은 했지만, 예전처럼 힘들다는 이유로 계획에 없던 지출은 하지 않았습니다. 통장이 두둑해지니 뿌듯하고 신이 나더라고요. 부지런히 아끼고 가계부를 쓰니 3년 동안 8천만 원을 모았습니다. 난생처음 만져 보는 큰돈이었는데, 더 좋은 곳으로 이사 갈 수 있다고 생각하니 어찌나 가슴 떨리고 설레던지요. 이사를 결정한 날은 잠을 이루지 못했어요. 이사하고 너무 행복하더라고요. 내 집은 꼭 있어야 한다던 주변 어른들의 말이 이해가 되었습니다. 집이 주는 안정감이 정말 좋았고, 든든했어요.

결혼 10년 만에 생긴 내 집에 들떠서 가전제품도 하나씩 바꾸고, 차츰 외식도 잦아지고, 여행도 다니면서 다시 돈을 쓰기 시작했어요. 내 집 마련이란 목표를 이룬 성취감에 취해 노후 계획은 안중에 없었고, 불안감도 없었죠. 이거면 됐다는 생각이 커지면서 자연스레 가계부도 손 놓게 되었답니다. 즐겁게 먹고 놀면서 관심은 아이 성적으로 옮겨 갔습니다. 고학년이 되었을 때 아들과 사이도 좋지 않았습니다. 아이가 바라는 것과 제가 그리는 아이 모습에서 차이를 좁히지 못하고 있었습니다. 사십 중반이 넘어서니 눈앞에 퇴직이 보였고, 노후가 불안해지기 시작했습니다. 이뤄 놓은 것이 없다는 생각에 자책만 들었어요. 아무것도 하기 싫었고, 시간이 더디게만 흘렀답니다.

불안하면서도 몸이 움직이지 않던 그때, 블로그를 통해 부지런히 자기 계발하는 워킹맘을 보았습니다. 나와 비슷한 처지임에도 열심히 책 읽고 변화를 만드는 모습에 동기 부여를 얻었어요. '그래, 나도 해 보자. 나도 할 수 있겠다.'라는 생각이 강하게 들었어요. 내가 가장 잘 쓰는 가계부를 다시 펼쳤답니다. 가계부로 종잣돈을 모으고 내 집 마련을 해 봤기에 비교적 쉽게 재테크를 시작할 수 있었어요. 공부하면서 모르는 것들이 많았지만 하나씩 알아가는 시간이 재미있고 즐거웠어요.

처음 종잣돈 모을 때와는 달리 책방을 열겠다는 꿈과 안정된 노후라는 목표를 구체적으로 세우고 3년 동안 종잣돈 1억을 모으기로 했어요. 큰 목표를 세우고, 먼저 6개월 동안 1,500만 원 모으기부터 시작했습니다. 3년 후 1억이 모일 때까지 부동산 공부를 부지런히 하고, 투자 1호를 꼭 만들겠다는 계획과 노후에 쓸 매월 생활비와 자금을 세세하게 계산하면서 은퇴 생활도 구체적으로 그려

봤답니다. 큰 계획을 세우고 작게 쪼개다 보니 더 이상 방황하지 않고 실행할 수 있었어요. 아이 챙겨서 학교 보내고, 점심 도시락 준비해서 출근하는 바쁜 아침 시간이 힘들지 않았어요. 목표를 향해 가는 하루를 신나게 보내게 되고, 지루할 때도 버틸 힘이 생기더라고요. 내가 세운 계획에 한 단계씩 올라서니 가계부 쓰는 시간이 더 소중하고, 돈 관리에 더욱 신경을 쓰게 되었습니다. 100원도 허투루 쓰지 않았더니 계획했던 3년보다 6개월 빨리 종잣돈 1억 원을 모을 수 있었답니다.

종잣돈 모으는 과정을 두 번이나 하면서 씨앗머니의 힘이 크다는 것을 몸소 체감할 수 있어요. 신혼 시절 주인아주머니의 애정 어린 잔소리를 이제는 함께 가계부 쓰는 사람들에게 합니다. 씨앗머니는 단순히 돈의 액수가 아닌 삶의 미래를 향한 첫 번째 약속이기 때문입니다. 부자가 되는 길에 뛰어난 재능이나 막대한 초기 자본이 필요한 것만은 아니었습니다. 행복한 삶을 위한 가장 첫걸음은 울창한 숲을 이룰 자산을 위한 작은 씨앗 하나였겠지요. 내가 할 수 있는 노력부터 하나씩 모아 갔습니다. 종잣돈을 모아 내 집 마련을 하고부터 크고 작은 기회들도 생겨났습니다. 꿈을 이루기 위한 1억이라는 디딤돌을 만들기도 했고, 할 수 있다는 자신감도 생겼으니까요. 마흔 중반에 시작한 돈 공부라 늦었다고 포기할 뻔도 했으나, 씨앗 나무가 되기까지 속도는 그리 중요한 요소가 아니었습니다. 그저 내가 내디딜 걸음 하나에 내가 할 수 있는 힘을 실어 주는 것만이 저의 내일을 달라지게 할 테니까요. 이제는 큰돈을 부러워하기보다 모으고 불려 가며 한 단계 나아가는 시간을 쌓아 갑니다. 그렇게 오늘을 삽니다.

매일 기록하는 것이
내 돈을 만든다

유현주

　아버지 서랍에는 항상 대학 노트 한 권이 들어 있었습니다. 하루는 호기심에 펼쳐 보았는데요. 담배 1보루 만 원, 막걸리 천 원 이렇게 하루 동안 쓴 돈이 세세하게 기록되어 있더라고요. 저는 아버지를 참 많이 닮았어요. 결혼하고 내 집 마련을 꿈꾸며, 자연스레 가계부를 적기 시작했어요. 그럴듯한 양식을 갖춰서 기록하지는 않고 컴퓨터 엑셀 프로그램에 한 달 동안 넣은 적금과 쓴 돈을 적고 매달 수입과 지출을 정리했어요. 매월 25일 월급이 통장에 들어오면 적금이 자동 이체되고, 남은 돈으로 생활하기 시작했어요. 지출을 기록하고 생활 습관을 조금 바꿨을 뿐인데 많은 돈이 모이더라고요. 신기했어요.

　내 집 마련을 하고 난 뒤 가계부와 멀어졌습니다. 기록하지 않아도 돈 관리를 할 수 있다 생각하고, 한동안 가계부를 쓰지 않았어요. 믿었던 가계부는 어느새 사라져 버렸습니다. 착각이었습니다. 기록이 없으니 내 돈이 허공에 사라지는 것 같았답니다. 오랜 시간

방황을 끝내고 자기 계발을 하면서 돈 공부를 했습니다. 가계부를 다시 펼치고 꾸준히 해 보자 다짐했답니다. 매일 할 수 있는 원동력을 만들기 위해 블로그에 기록하며 피드백도 꼼꼼히 하였습니다. 단순히 기록만 하였던 처음 가계부와는 달리 생활비 예산을 세우고, 그에 맞춰 생활하려고 노력했답니다. 생활비는 전달보다 2만 원만 줄여서 설정하고 조금씩 줄여 나가기 시작했어요. 한번에 큰 금액을 줄이면 적응을 못 해 포기할 수 있으니 무리하지 않았답니다.

6개월을 지속하니 자신감이 붙었어요. 편의점 가서 자주 사 먹던 간식도 점차 횟수가 줄어들고, 싸다고 쟁여 두던 나쁜 습관이 많이 사라졌답니다. 쓸데없이 쓰는 돈이 자연스레 줄었답니다.

가계부를 적으면 자연스레 돈이 모인다는 사실을 깨달았어요. 평생 기록해야겠다는 생각이 들더라고요. 쉽고, 간결하게 만들려고 했답니다. 신용카드를 쓰면 지출은 일어나는데 실제 통장 잔액은 줄어들지 않아서 정리하는 데 시간과 에너지가 많이 쓰였어요. 신용카드 월 이용액이 일정 금액 이상이면 결제액을 할인해 주는 이벤트에 욕심이 났습니다. 시간을 들여 엑셀 파일로 다시 정리했습니다. 이중으로 기록하니 불편했고, 통장과 가계부 금액이 맞지 않아서 매번 헷갈렸습니다. 무엇보다 지출이 선명하게 한눈에 보이지 않아서 지출을 통제할 때 걸림돌이 되기도 했고요. 또 실적을 채우려고 딱히 필요 없는 지출을 하더라고요. 전반적으로 신용카드가 과소비를 부추기고 있었던 거죠. 가계부를 더 쉽게 쓰고 지출 관리를 수월하게 하기 위해 신용카드를 자르기로 결심했습니다.

오랜 시간 사용한 신용카드를 없애는 건 생각보다 시간 많이 걸렸습니다. 당장 없애자니 이전에 카드로 썼던 생활비만큼 돈이 더 필요했기 때문입니다. 또 할부로 결제했던 금액도 남아 있어서 카드를 없앨 동안 저축은 잠시 미뤘습니다. 남은 할부금을 갚으면서 생활비는 체크카드를 사용했어요. 물건 살 때마다 통장 돈이 바로 출금되니까, 계산대 앞에서 꼭 필요한지 한 번 더 생각하게 되더라고요. 6개월이라는 긴 시간에 걸쳐 신용카드 할부 빚을 다 갚고 해지했습니다. 카드 결제일에 통장에서 훅 빠져나가는 돈이 없으니 심리적으로 안정이 되었습니다.

신용카드를 해지하면서 다시 카드를 사용할 여지를 두지 않으려고 안전장치를 마련했습니다. 예비비 통장을 만들어 돈을 모으기 시작했던 거죠. 매월 정기적으로 지출이 일어나진 않지만 1년 동안 쓰게 될 비정기적으로 발생하는 세금, 가족 행사 비용, 여행, 가전제품 등 큰 금액이 들어가는 항목들을 체크하고 돈을 모았습니다. 예비비 덕분에 신용카드를 사용하지 않게 되었습니다. 직관적으로 지출 내역이 확인되는 체크카드 사용은 생활비 절약에 큰 도움이 되었어요.

카드를 없애면서 불필요한 지출을 많이 줄여서 자신감이 생겼답니다. 그래서 1년 동안 저축을 최대한 해 보기로 했어요.

장보기 전 냉장고를 정리하고, 사 온 재료들은 버리지 않기 위해 식단을 짜서 집밥을 해 먹었어요. 점심 도시락도 챙겨 다니니 생활비를 많이 아낄 수 있었답니다. 가계부 쓰기 전 3인 가족 식비만 120만 원 썼는데, 50만 원까지 줄이게 되었답니다. 집밥으로 건강도 챙기고 아낀 돈은 저축으로 연결되었답니다.

식단을 만들고, 가계부 상단에 일주일 동안 필요한 재료를 기록하고 있답니다. 마트 가기 전 장 볼 품목을 메모하고, 퇴근하면서 집 앞 마트에 들러 사니 시간 절약도 되었어요. 바쁠 땐 온라인 쇼핑몰을 이용하면서 장 보는 스트레스를 줄였답니다. 지출이 안정되면서 장 본 내용을 품목별로 '두부 1,000원', '콩나물 1,000원'으로 세세하게 기록하지 않고 '마트 2,000원', '간식 5,000원' 이렇게 기록했어요. 가계부 하단에는 피드백 칸을 두고 칭찬과 격려도 놓치지 않았답니다.

가계부를 손 놓는 순간 내 돈은 허공에 사라진다는 것을 알기에 쉽고 꾸준히 적는 방법을 찾고, 수정하고 보완했습니다. 지출만 기록했던 가계부는 이제 고정비, 생활비, 예비비, 투자금, 대출금 항목으로 규모 있게 거듭났습니다. 가계부만 봐도 저희 집 경제 상황을 한눈에 볼 수 있고, 단기 플랜, 장기 플랜으로 미래도 한눈에 볼 수 있게 되었습니다. 장기 플랜을 자주 보고 머릿속에 그리다 보면 물건을 살 때도 자연스럽게 꼭 필요한 물건인지 다시 생각하게 되면서 지출을 자연스럽게 통제할 수 있게 되었습니다.

매일 가계부를 쓰는 작은 습관이 모여 제 삶의 경제적 바다를 만들어 냈습니다. 얼마 되지도 않는 금액을 적는 것이 무슨 의미가 있을까 싶었지만, 꾸준히 기록하다 보니 어느새 돈의 흐름이 보이더군요. 불필요한 지출은 줄이고, 저축은 늘리는 변화도 자연스럽게 생겼습니다. 가계부는 단순한 기록이 아닌, 저희 집 자산 현황을 진단하고 미래를 설계하는 소중한 도구가 되었습니다. 하루하루 기록하는 작은 숫자들이 모여 2년 6개월 만에 1억을 모았고, 이 씨앗머니는 난생처음 부동산에 투자한 1호기의 첫걸음이 되었습니다. 또다시 저는 3년 뒤 1억이라는 씨앗머니를 모으기 위해 매일 기록합니다. 이 과정은 저에게 돈을 모으는 것을 넘어 현명하게 불리는 지혜를 가르쳐 주었답니다. 오늘도 정성스럽게 숫자를 기록합니다. 매일 기록하는 것이 결국 저의 자산을 만들어 주었기 때문입니다.

저축과 투자를
자동화하는 방법

박춘희

지출 내역을 꼼꼼히 기록하는 것만으로 돈 관리를 잘하고 있다고 믿었습니다. 해마다 새 가계부를 사서 칸을 성실히 채웠지만, 정작 집 경제 상황은 달라지지 않았습니다. 몇 해 동안 가계부를 쓰기에 온전히 집중했어요. 아직 시간이 쌓이지 않아서 그런 건가 싶었거든요. 그러다 문득 깨달았습니다. 제 가계부는 카드 명세서와 마트 영수증을 옮겨 적은 것에 불과했습니다. '어떻게 해야 돈이 모일까'라는 질문이 처음 마음속에 자리 잡기 시작했습니다.

기존의 방식에 의미 있는 변화를 주기로 결심했습니다. 매일 지출을 기록하던 방식에서 벗어나, 토요일마다 일주일간 지출을 항목별로 구분해서 다시 정리했습니다. 한 달이 지나면 주간마다 정리해 두었던 항목별 지출의 총합을 계산했습니다. 매일 적을 땐 보이지 않던 지출의 흐름이 조금씩 보였습니다. 한 달, 두 달 항목 가계부를 이어 가자, 저희 집의 전체적인 지출 규모와 소비 패턴이 눈에 들어왔습니다.

복지관에서 일할 때 배운 교훈이 하나 있었습니다. 금고 속에 있는 1만 원은 어디서 들어온 돈인지 표시해 놓지 않으면, 그저 다 같은 1만 원일 뿐이라는 점입니다. 돈에는 이름표가 따로 없습니다. 이건 가정에도 똑같이 적용됩니다. 처음엔 저희 집도 통장 하나만 사용했습니다. 월급이 들어오고, 보험료와 카드 대금도 같은 통장에서 인출되었습니다. 잔고가 충분한 줄 알고 있는데, 보험료가 미납되었다는 문자를 받았을 때는 정말 당황했습니다. 내역을 확인해 보니 통장에서 빠져나간 카드 대금을 제가 잘못 파악하고 있었던 것이었습니다. 카드사로 이체된 금액 속에는 보험료로 납부할 돈도 포함되어 있었던 것이죠. 그달 이체되어야 할 금액을 제대로 관리하지 못했던 탓이었습니다. 그때 복지관 금고 속 '이름 없는 돈'이 떠올랐습니다. 저희 집 돈도 각자의 역할을 하지 못하고, 마구 섞여서 길을 잃고 있었던 겁니다. 가정경제에도 시스템이 필요하다는 사실을 깨달았습니다. 각각의 돈이 정해진 목적대로 쓰일 수 있게 이름표를 붙이고 구분된 자리를 마련해 주었습니다.

탄탄한 가정 경제를 만들기 위해서는 최소 4개의 통장이 필요했습니다. 월급 등 수입이 들어오는 '수입 통장', 고정비와 생활비 등 소비를 관리할 '지출 통장', 미래를 위해 돈을 모으고 불리는 '투자 통장' 그리고 예상치 못한 상황을 대비할 수 있는 '비상금 통장'입니다. 돈의 목적과 쓰임에 따라 4개의 통장이 마련되었을 때 가장 효과적으로 관리할 수 있었습니다.

이후 '통장 부자'가 되었습니다. 4개 통장에서 더 나아가 소비 통장을 세부 항목별로 더 나눠 각각의 통장을 만들었습니다. 보험료 통장을 따로 만들어 자동 이체를 설정했고, 관리비 통장, 자동차 관련 통장, 교육비 통장, 식비 통장까지 지출 항목마다 통장을 분리하여 철저히 관리했습니다. 단순히 들어오는 돈, 나가야 하는 돈, 저축해야 하는 돈, 비상시를 위한 돈만 명확히 구분하니 돈 관리가 수월해졌고, 돈이 모이기까지 했습니다. 이러한 시스템을 통해 현재 저희 집의 수입과 지출, 미래를 위한 저축과 투자, 일상을 흔들리지 않게 막아 줄 비상금을 마련할 수 있게 된 겁니다.

보이스피싱이 사회적 문제로 대두되면서 요즘은 통장 개설이 많이 까다로워졌습니다. 예전처럼 여러 개의 통장을 만들기는 어려워졌지만, 핵심은 돈을 목적에 맞게 분리하고 시스템화하는 구조입니다. 소비 항목별로 세세하게 통장을 쪼개기 어렵다면 큰 목적에 맞게 통장을 구분하는 것부터 시작하면 됩니다. 기존에 개설된 통장들을 활용하는 것도 좋은 방법입니다. 최근에는 카카오뱅크나 토스 등을 이용해 별도의 계좌를 생성하지 않더라도 한 계좌 안에서도 돈을 여러 목적별 저장 공간으로 쪼갤 수도 있습니다.

흔히 월급을 받으면 저축부터 먼저 하라고 합니다. 자신의 생활 유지에 필요한 금액을 파악하지 못한 채 무턱대고 큰 금액을 저축부터 하고서 남은 돈으로 생활하다가 카드 빚이 쌓이는 경우를 자주 봅니다. 저도 그랬습니다. 적금을 먼저 하고 나머지 돈으로 생활하려다 보니 보험료가 미납되기도 했으니까요. 생활 방식뿐 아니라 돈 관리 방법도 세대별 상황에 따라 다릅니다. 1인 가구나 미혼 세대는 선 저축 후 생활이 가능할 수 있습니다. 자신만 잘 통제하면 되니까요. 가족을 이룬 가정에서는 무조건적인 선 저축보다 각 가정의 필수 지출 항목과 필요 금액을 정확히 파악하는 것이 중요합니다. 아이들은 예고 없이 아플 수 있고, 갑작스러운 경조사도 언제든지 발생할 수 있기 때문입니다. 의지만으로 저축을 우선 시했다가 지키지 못했을 때 재테크를 하겠다는 마음마저 쉽게 꺾였습니다.

저축과 투자를 자동화하는 가장 이상적인 방법은 명확한 목표 설정에서 시작합니다. 내가 모으고 싶은 금액이 얼마인지 먼저 정하고, 목표 금액에 도달하기 위해 매달 얼마씩 적립해야 하는지 계산해 보는 것이죠. 그런 다음 현재 생활비와 저축해야 할 금액의 합을 수입과 비교해 봅니다. 만약 생활비와 저축 목표액의 합이 수입보다 많다면 지출을 조정하는 작업을 해야 합니다. 한정된 자금을 현재와 미래의 균형에 맞춰 가며 배분하는 과정에는 시간이 필요했습니다. 수입에서 지출을 뺀 금액, 즉 잉여금을 점점 늘려 가면서 저축액을 체계적으로 증가시킬 수 있습니다.

월급날이 되면 사전에 계획한 항목별 예산 금액을 각 통장으로 이체합니다. 한 달 열심히 일해서 받은 월급은 큰돈처럼 느껴지다가도 써야 할 곳에 하나씩 나누다 보면 맥이 빠집니다. 생각보다 실제로 모을 수 있는 금액이 많지 않기 때문입니다. 저축도 예산 항목 중 하나로 반드시 포함시켰습니다. 큰돈을 한 번에 떼어 내 무리한 선 저축을 하지 않더라도 목적에 맞게 나눠 둔 돈들은 각자의 자리에서 제 역할을 다하게 됩니다. 저축과 투자를 자동화해 두고 나면 저는 책정된 예산안에서 어떻게 효율적으로 쓸 것인가만 집중하면 되더라고요. 돈 관리가 단순해지면 결국 돈이 모입니다. 주간 항목 가계부를 작성하면서 얻은 가장 큰 수확은 내가 정확히 어디에 얼마를 쓰고 있는지 알게 된 것입니다. 돈을 모으기 위해 어느 항목에서 지출을 조정할 수 있을지 매달 가계부를 들여다보았습니다.

"엄마는 가계부를 제일 좋아하니 생일 선물로 가계부를 사 줄게요!"

둘째 아이가 일곱 살이 될 무렵 해 준 말입니다. 항상 가계부를 곁에 두고 들여다보았던 저의 노력이 고스란히 아이에게 전해지고 있다는 사실에 감사했습니다.

가계부를 통해 알게 된 원리는 단순했습니다. 우리 가족이 평안한 한 달을 살기 위해서 필요한 돈이 얼마인지 정확히 알게 되었습니다. 그 금액 기준으로 노후에 필요한 금액도 가늠할 수 있었습니다. 꼭 수억 원이 아니어도 됩니다. 내 삶에 맞는 숫자를 알았고,

그 숫자에 닿기 위한 계획을 체계적으로 세울 수 있으면 됩니다. 평안한 노후와 꿈꾸는 삶을 위한 저축은 그저 의지의 힘만으로는 되지 않았습니다. 절약하는 습관도 중요하지만, 본질적으로 돈이 자동으로 모이게 하는 시스템이 필요했습니다. 가계부는 시스템의 시작이었고, 통장 쪼개기는 구체적인 실천 방법이었습니다. 돈의 성격과 목적에 따라 나눈 각각의 통장들은 예산을 지키는 울타리가 되어 주었습니다. 한번 설정해 둔 자동 이체는 제 의지가 흔들릴 때도 묵묵히 움직여 주는 저의 두 번째 손이 되었습니다. 저축은 의지가 아니라 시스템으로 가능했습니다. 시스템이 만들어 낸 작은 씨앗은 한데 모이고 쑥쑥 자라 우리 가정의 미래를 든든히 지켜 주는 숲이 되었습니다. 열심히 일해서 벌어 온 돈이 길을 잃지 않도록, 자신만의 자동화된 시스템 안에서 제자리를 찾아갈 수 있도록 오늘도 저는 가계부를 펼쳐 봅니다.

돈 잡아먹는
하마를 찾아라

유현주

　마음이 공허할 땐 보상을 찾으려 했습니다. 회사에서 여기저기 치이다 마음이 우울하면 맛집을 찾아가고, 피곤한 날이면 배달 음식을 시켜 먹고, 주말에 나들이 갔다가 집에 올 땐 어김없이 저녁을 먹고 들어왔습니다. '가족들 생일은 중요한 날이니까, 한 번이니까' 하는 마음으로 형편에 맞지 않게 비싼 곳에서 맛있는 것을 사 먹었습니다. 모임에서 계산하지 않아도 될 밥값과 찻값도 자주 냈답니다. 좋은 마음으로 사기는 했지만, 굳이 안 사도 됐는데 하는 후회가 들 때도 있었거든요.

　바쁘다는 핑계로 반찬과 반조리 식품을 자주 사 먹었어요. 일주일에 서너 번씩 마트에 가 식재료도 대용량으로 사서 냉장고를 꽉꽉 채웠는데, 식구들이 많이 먹지 않아서 버리는 재료도 많았답니다. 주방 용품도 몇 개씩 사고, 그릇도 세트로 사서 집 안 곳곳에 쟁여 두었습니다.

　옷은 좋아해서 더 많이 샀습니다. 어울리지도 않는 옷을 사서 입지 않는 것도 많았고, 양말도 예쁘면 몇 개씩 사서 옷장에 넣어 두었습니다. 필요한 물건을 사는 건 맞지만 필요 이상으로 사서 돈도 낭비하고 청소하고 정리하느라 시간 낭비도 많았답니다.

교육비도 마찬가지였죠. 어릴 때부터 학원을 많이 보냈답니다. 아이가 좋아하니까, 또래 친구들이 다니니까 보내기도 했고, 방과 후 수업 마치고 퇴근 시간까지 맞춰야 하기에 빈 시간에도 학원을 보냈습니다. 예체능은 물론이고, 집을 도서관으로 착각할 정도로 책으로 꽉꽉 채웠고, 사 달라는 장난감은 다 사 줬습니다. 비싼 교재도 많이 샀고, 일주일에 몇 번씩 학습지 선생님이 오셔서 수업할 정도로 열성 엄마였습니다.

많은 물건을 신용카드로 사고, 뜯지 않고 창고에 쌓아 둔 것도 많았습니다. 당연히 돈도 모이지 않았습니다. 공허한 마음이 물건을 사도 없어지지 않는다는 걸 알았지만 과소비는 쉽사리 고쳐지지 않았어요. 매달 마이너스가 나지 않았기에 잘 산다고, 누구나 다 이렇게 산다고 착각했습니다. 아이와 나는 지쳐 가고, 노후는 더욱 불안해서 평소에도 짜증을 많이 냈답니다.

종잣돈 1억을 3년 동안 모으겠다고 목표를 세웠습니다. 긴 시간 동안 1억이라는 큰돈을 모으면서 지출하고 관리할 수 있는 돈 그릇을 키우자고 다짐했답니다. 내 집 마련할 당시 돈 공부 없이 종잣돈을 모았는데, 아파트로 이사하고 나서 소비 패턴이 다시 옛날로 돌아갔답니다. 더 이상 반복하고 싶지 않았습니다. 기록하지 않으면 지출 규모도 전혀 알 수 없고, 과소비하는지도 모르기에 우리 집 수입과 지출 흐름을 눈으로 보고 제대로 파악해 보려고 했습니다.

3개월 동안 기록만 했는데, 3인 가족 식비만 120만 원이 넘는 걸 보고 깜짝 놀랐어요. 식비를 줄이기로 했어요. 요리를 못하지만 할 수 있는 한 그릇 음식들로 식단을 만들고, 소스도 꼭 필요한 종류들만 사 놓고 집밥을 해 먹었어요. 식단 가짓수가 많지 않았지만, 반복적으로 같은 음식을 먹지 않게 구성했어요. 덕분에 물리지 않게 먹고 잘 유지할 수 있었죠. 메모해서 장을 보고, 냉장고 재료가 다 소진될 때 마트 가는 습관을 만들기 시작하니 마트 가는 횟수도 줄어들고 버리는 재료도 점점 줄어들었어요. 잦은 외식과 간식으로 늘 속이 더부룩하고 소화가 잘 안 되었는데, 집밥을 먹으니 소화 불량도 없어지고, 식비가 눈에 띌 정도로 줄어들었어요. 든든하게 잘 먹고, 돈도 절약하고 성취감은 생각보다 컸어요. 나들이 갈 때도 간식과 음료수를 미리 챙기고 저녁은 집에 와서 먹으면서 외식비도 줄이기 시작하니 여행이 부담스럽지 않게 되었어요.

물건도 정리했어요. 찾지 못해 또 사는 경우도 많고, 정리하는 시간도 많이 들었답니다. 상태가 좋은 것은 당근에 팔고, 이웃에 나눔을 하기도 했어요. 필요한 물품은 사기 전에 집에 있는지 다시 한번 더 찾아보고 대체할 물건이 있으면 사지 않았어요. 불필요한 물건을 정리하니 청소도 쉬워지고, 관리가 잘 되어서 집을 깨끗하게 유지할 수 있게 되었어요. 쇼핑 유혹을 뿌리치기 위해 즐겨보던 홈쇼핑 채널들도 정리하고, TV도 거의 보지 않았습니다. 광고와 TV 홈쇼핑은 보면 볼수록 꼭 필요한 것 같거든요. 사지 않기 위해서 보지 않는 환경을 만들었답니다.

읽지 않는 책도 정리하고, 꼭 필요한 책은 사서 보았습니다. 한참 집 정리 할 때 경비 아저씨께서 이사 가냐고 물어볼 정도였답니다. 이제는 물건을 살 때 꼭 필요한지 두 번, 세 번 생각해서 사고, 필요한 물건은 좋은 것을 사서 오래 쓰기 시작했어요. 생활이 정리되니 시간도, 체력도 많이 비축할 수 있었답니다. 생활비를 줄이고 나니 자신감이 생겨서 엄두도 내지 못했던 고정비를 하나씩 손보기 시작했답니다.

보험료가 수입에 비해 큰 비중을 차지해서 정리하고 싶었지만 쉬운 일이 아니었어요. 암보험은 많을수록 좋다고 해서 중복으로 가입했고, 실비보험, 교육보험도 마찬가지였어요. 매달 과하게 나가는 연금도 부담되었지만, 노후를 준비해야 한다는 생각이 컸습니다, 설계사 권유도 거절하지 못했어요. 매달 나가는 보험료가 부담되었지만 해지하면 안 된다는 생각이 커서 돈이 필요하면 약관대출을 받으면서 유지했었죠. 보험료에 대출이자까지 내면서 유지 비용은 더 들었답니다. 악순환이었어요. 보험 정리를 결심하고 중복되는 암보험과 실비보험은 하나만 남겨 놓고 해지했어요. 여태 적립한 돈이 아까웠지만 앞으로 낼 돈과 기간을 계산하니 해지가 답이었어요.

통신비는 핸드폰 기계 할부금을 포함하니 큰 금액이었어요. 2년에 한 번씩 바꾸던 폰도 고장 날 때까지 사용하고, 통신사 약정이 끝나면서 알뜰폰으로 변경하여 비용을 60% 이상 줄였답니다. 알뜰폰은 저렴한 요금에 무료로 제공하는 데이터도 훨씬 많아서 혜택을 많이 받았어요.

전기 콘센트는 스위치 ON/OFF 기능이 있는 걸로 바꾸고, 사용하지 않을 때는 OFF로 돌려놓고, 수도꼭지는 사용 후에 냉수 쪽으로 레버를 돌리고, 보일러도 외출 기능으로 설정해서 사용했어요. 작은 실천으로 관리비 절약을 많이 하게 되었어요.

교육비는 줄일 때 제일 많이 망설였습니다. 지나고 보니 아무 일도 생기지 않는데, 그때는 학원을 그만두면 성적이 떨어질까 불안했거든요. 활동량이 많은 아이라 운동을 꼭 하려고 했기에 태권도, 축구, 배드민턴 비용도 꾸준히 지출하고 있었답니다. 학원을 보내도 큰 효과는 나지 않고, 아이도 힘들어했어요. 주변 선배 엄마들 조언을 들으니 안 다녀도 괜찮다는 말을 듣고 조금씩 줄이기 시작했답니다. 아이랑 대화도 많이 하고 의견을 많이 들어 줬답니다.

주택담보대출도 금리가 내려갈 때 더 저렴한 상품으로 갈아타고, 대출이자도 줄였답니다.

줄줄 새는 돈은 생활비뿐이라 생각했습니다. 가계부를 꼼꼼히 피드백하고, 그동안 들어간 돈이 아까워서 외면했던 고정비를 마주하고 줄이려고 검색도 하고, 지인 도움을 받으면서 하나씩 줄였습니다. 고정 비용은 줄일 수 없다고 생각했는데, 착각이었습니다. 무분별하게 나가는 생활비, 별다른 활동을 하지 않아도 매달 지출되는 고정비까지 관심을 가지고 관리하니 충분히 줄일 수 있었습니다. 덕분에 과소비 습관이 사라지고, 꼭 필요한 곳에 지출하는 좋은 습관이 자리 잡았습니다.

씨앗머니도
하루 만 원부터

박춘희

〈만원의 행복〉이라는 프로그램을 아세요? 일주일간 연예인들이 1만 원으로 생활하는 모습을 카메라에 담아 보여 주는 프로그램입니다. 정해진 금액과 시간 안에서 먹고, 자고, 생활을 이어 가는 모습은 웃기기도 했고, '아유, 저건 아니다' 싶은 얄밉게 행동하는 연예인을 보는 색다른 재미가 있었습니다. 출연하는 사람들 대부분이 '단돈 만 원'이라 표현했습니다. '이거 끝나기만 해라' 하고 출연자는 이를 갈며 만원에 '단돈'이란 수식어를 붙였습니다. 저는 이 '단돈 만 원'이라는 표현을 들으면 마음이 불편해집니다. 단돈이 붙으면 하찮은 돈이 되어 버리기 때문입니다. 천 원일 때도 그랬고, 만 원 앞에도 쉽게 붙곤 합니다. 저에게 만 원은 예전에도, 지금도 결코 가벼운 돈이 아닙니다.

가계부를 통해 항목별로 지출을 정리하면서, 저희 집의 소비 규모를 파악하게 되었습니다. 그다음 단계는 생활비 줄이기였습니다. 관리비나 보험료는 제 의지로 금방 줄일 수 없지만, 저녁 반찬을 콩나물을 할지 소고기국을 끓일지는 제 결정이었기에 장보기 비용은 얼마든지 조절할 수 있겠다 싶었습니다. 어느 날, 인터넷에서 날짜 앞에 주머니가 하나씩 달린 달력을 보았습니다. 각 주머니마다 돈이 꽂혀 있었습니다. '이거다!' 싶어 가격을 보니 3만 원이었습니다. 돈을 아끼겠다고 시작하는 일이 아이러니하게도 지출로 이어질 뻔했습니다.

대체품이 있을까 고민 중 일주일 생활비를 봉투에 넣어 두고 생활하는 이웃 언니가 떠올랐습니다. 봉투를 찾아 서랍을 뒤지다가 봉투는 찾지 못하고 은행에서 나눠 준 통장첩을 발견했어요. 아코디언 파일 모양의 통장첩은 12칸으로 나눠져 있었습니다. 칸칸이 통장을 넣고 보관하는 용도였지만, 저는 통장 대신에 생활비를 넣어 보기로 했습니다. 12칸이니 일주일 말고 3일간의 생활비를 넣어 두고 살면 되겠다 싶었습니다. 월급날이 되면 생활비로 현금 45만 원을 인출해, 쌀값 5만 원과 혹시 모를 비상 자금 10만 원을 맨 뒤 칸에 넣어 두고 나머지 30만 원은 통장첩 한 칸 한 칸에 3일치 생활비인 3만 원씩 나눠 담았습니다. 그리고 나머지 한 칸은 혹시라도 남을 돈을 넣어 둘 공간으로 남겼습니다. 이렇게 생활비를 세팅하고 새로운 한 달을 맞이했습니다.

하지만 예상하지 못한 '금단 현상'이 찾아왔습니다. 그동안 아무 기준 없이 소비했던 제가 '1일 1만 원'이라는 제한을 두자 갑작스러운 압박감이 몰려왔습니다. 필요한 것도 아닌데 괜히 뭔가 사고 싶어지고, 평소에는 관심도 없던 인테리어 소품에도 눈길이 갔습니다. 다이어트를 할 때 배고프지 않지만, 자꾸 음식이 먹고 싶어지듯 딱히 살 게 없는데도 슈퍼마켓에 들르고, 인터넷 쇼핑몰을 기웃기웃했습니다. 이전까지 몰랐던 제 모습이었습니다. 소비에 중독되어 있었음을 그제야 깨달았습니다. 소비가 필요한 물건을 구입하는 게 아니라, 물건을 사는 행위 자체를 당연하게 여기고 있었습니다. 이대로 포기하면 다시 예전으로 돌아갈 게 뻔했습니다. 방식을 조금 바꿨습니다.

  1일 1만 원에서 3일 3만 원으로. 만원 한 장을 쥐고 장을 보러 가면 늘 부족하다는 느낌이었는데, 3일 3만 원으로 바꾸니 필요한 것들을 장바구니에 다 담아 계산해도 돈이 충분했습니다. 어떤 날은 돈이 남기도 했습니다. 남은 돈은 마련해 둔 봉투에 차곡차곡 모았다가 장보기 비용이 3만 원이 넘는 날 쓰기고 했고, 아이들이 간식을 찾을 때 기분을 낼 수도 있었습니다. 그러고도 남은 돈은 예비비가 되었습니다. 이 경험을 통해 저는 하루에 내가 쓸 수 있는 돈이 얼마인지 알고 생활하는 것이 진짜 돈 관리라는 걸 체감하게 되었습니다. 또 사람마다 적용할 수 있는 예산 기간이 있다는 것도 알 수 있었습니다. 한 달을 일주일로 4번 쪼개서 생활하는 사람도 있고, 30일로 나눠서 일일 1만 원에 살 수도 있고, 저처럼 3일씩 10번을 쪼개서 살 수도 있다는 것 그리고 가장 효율적인 기간은 각 가정의 생활에 따라 다르다는 것도 알 수 있었습니다.

또 큰돈을 쓰는 건 한순간이지만, 적은 돈을 아껴 쓰는 건 '체력'이 필요하다는 것과 가계부 체력은 처음부터 단단한 사람은 없고, 적은 금액부터 시작해 매일의 소비를 조절해 보는 '지출 근육'을 키워야 나중에 더 큰돈도 능숙하게 다룰 수 있겠다는 것도 알게 되었습니다.

저축도 1만 원씩 했어요. 카카오뱅크의 매일 저축 기능을 활용하기 시작했습니다. 매일 커피 한 잔을 사서 마시는 대신 그 돈을 모으면 엄청난 금액이 될 수 있다는 이야기를 들었습니다. 라떼 효과라고 합니다. 저는 3천 원씩 모아 보기로 했습니다. 외부 활동을 거의 하지 않는 전업주부라 밖에서 매일 커피 마실 일은 없지만 그래도 매일 3천 원은 모을 수 있을 것 같았습니다. 처음 목표는 길지 않게 6개월이었습니다. 1년은 너무 길어 중간에 포기할 수 있으니 반년인 6개월로 잡았습니다. 3천 원 모으기가 완성되고, 다음 도전은 4천 원 모으기를 도전했습니다. 직전에 3천 원 저축했기에 4천 원은 어렵지 않았습니다. 6개월간 매일 4천 원 모으기가 완료되었을 때 자신감이 붙었습니다. 바로 1만 원 모으기로 금액을 키웠습니다.

이전에 모으기 한 돈들이 있으니 가능하겠다 싶었습니다. 하지만 3천 원, 4천 원과는 다르게 1만 원의 무게는 상상 이상이었습니다. 매일 1만 원을 생활비로 두고 쓰는 것만큼이나 1만 원 저축도 쉽지 않았습니다. 얼마 지나지 않아서 이전에 모아 둔 예치금이 바닥이 났습니다. 1만 원이 그렇게 크게 느껴진 적이 처음이었습니다. 같은 1만 원이라도 지출할 때와 저축할 때의 느낌은 달랐습니다. 매일 1만 원을 쓸 때는 적은 금액이었는데 저축할 때는 어느 때보다 1만 원이 컸습니다. 또, 1만 원짜리 지폐는 소유하는 사람마다 그 가치가 다를 수 있다는 생각도 했습니다. 100억 부자의 지갑 속에 있는 돈 1만 원과 내 지갑 속 1만 원은 절대 같지 않을 거라는 것. 그리고 노점상 할머니가 품고 있는 주머니 속 1만 원도 내 지갑 속 1만 원과 같지 않습니다.

TV 홈쇼핑 쇼호스트는 만 원에 '단돈'이란 단어를 붙여서 물건을 쉽게 구매하게 합니다. 각 가정마다 생활이 다르듯이 가계부가 다르고, 개인이 가지는 만원의 무게도 다 다를 텐데, 1만 원을 가볍게 이야기합니다. 그럼에도 변함없는 사실은 1만 원은 1천 원이 10개, 백 원이 100개가 모여야 한다는 점입니다. 하찮게 생각되는 작은 돈이 모여 큰돈이 만들어집니다.

투자를 위한 씨앗머니를 모으는 것도 작은 시작부터입니다. 하루 만 원이 써서 없어질 단돈이 될 수도 있지만, 쌓이면 내 꿈을 이루게 하고, 노후 생활을 평온하게 만드는 씨앗머니가 될 수도 있습니다.
큰 금액일수록 조급한 마음을 내려놓고, 작은 돈부터 차근히 다루려고 했습니다. 재테크의 시작은 언제나 내가 할 수 있는 가장 작은 실천에서 출발합니다. 그 작고 사소한 실천이 자신감을 주고, 자신감은 습관이 되어서 결국 자산이 됩니다.

오늘 하루, 나에게 꼭 필요한 돈이 얼마인지 알고 그에 맞게 생활하는 것, 이것은 단순한 돈 관리가 아닙니다. 나의 소비 습관을 돌아보고, 우선순위를 정하고, 미래를 준비하는 생활 속 재테크 근육 훈련입니다. 씨앗머니는 거창하지 않아도 괜찮습니다. 하루 만 원, 작은 씨앗에서 재테크는 시작되고 꽃을 피울 겁니다.

비상금
vs 투자금

박춘희

처음 씨앗머니라는 개념을 알게 된 건 '돈무적'이라는 프로그램에 가입하면서부터였습니다. 모임 첫 시간에 리더가 한 해 동안 모으고 싶은 금액이 얼마인지 정하라고 했습니다. 너도나도 몇천만 원이 목표라며 스스럼없이 말했습니다. 과연 종잣돈이란 게 말만 내뱉는다고 진짜 연말에 만들어지는 것인지 믿을 수 없었습니다.

결혼하고 지금까지 쭉 저금을 해 왔습니다. 매달 얼마가 되었든 돈을 모았습니다. 결혼을 막 했을 때, 친정엄마는 남편과 제 월급의 절반은 모아야 한다고 신신당부하셨어요. 왜 절반이나 모아야 하는지 모른 채 엄마가 시키니까 돈을 모으기 시작했습니다. 신혼 첫 해 모은 돈 천만 원은 출산 후 조리원 비용과 육아 비용으로 금세 사라졌습니다. 둘이 벌어서 둘이 쓸 때와는 다르게 돈 버는 사람은 한 명, 쓰는 사람이 셋이 되니 돈이 줄어드는 속도는 비교할 수 없었습니다.

이후로도 월급의 몇 %를 적금으로 해야 한다는 전문가들의 이야기를 들으면 앞뒤 가리지 않고 적금부터 가입했습니다. 먼저 저축하고 생활해야 돈을 모을 수 있다고들 하니 지금 조금 참으면 큰돈을 모을 수 있을 것이란 희망을 품었습니다. 전문가들이 말하는 월급의 몇 퍼센트는 매우 큰 금액이었습니다. 적금 금액만큼 뚝 떼고 나면 나머지 돈으로 보험료도 내고, 관리비도 내야 했습니다. 잠시 잠깐의 찬바람에도 아이 숨소리는 고르지 못했고, 자주 아픈 아이의 병원비까지 감당하고 나면 생활은 늘 궁핍했습니다. 결혼 생활 대부분을 왜 아껴야 하는지 생각하지 않은 채로 절약했고, 뭘 하고 싶은지, 무엇을 할 것인지 정하지 않고 적금을 넣었습니다.

목적도 즐거움도 모른 채 한 적금이 만기가 되면 이상하게 돈을 써야 할 일이 생겼습니다. 3년 만기 적금으로 천만 원이 저희 집 통장에 들어왔을 때, 시아버님이 치과 치료와 임플란트를 해야 한다는 이야기를 들었습니다. 비용이 1천3백만 원이라 걱정하는 어머님의 말씀을 듣고 마음이 무거웠습니다. 통장 속 돈이 자꾸 가슴을 콕콕 찔렀습니다. 남편도 마음이 불편하긴 마찬가지였습니다. 우리 부부는 상의 끝에 아버님 임플란트 비용에 8백만 원을 보태기로 했습니다. 돈은 있다가도 없고, 없다가도 있다며 다시 또 열심히 모으면 된다고 남편과 함께 다짐했습니다. 나머지 2백만 원은 이리저리 흔적 없이 사라졌습니다. 모으기는 3년, 그러나 쓰는 건 한순간이었습니다. 허튼 곳에 쓴 것은 아니지만, 만약 적금 1천만 원을 시작할 때 어디에 쓸 돈인지 정했더라면 어땠을까 생각했습니다. 사용처가 정해지지 않은 돈은 힘이 없다는 것을 시간이 한참 지나 알게 되었습니다.

매달 적금했지만, 이렇다 할 씨앗머니가 없었습니다. 그동안 모은 돈은 제 손을 거치지 않고 이사 비용과 전세보증금이 되었습니다. 진짜 모으겠다는 다짐만으로 돈이 모이는 걸까 의심스러웠습니다. '돈무적'을 처음 시작하던 첫해인 2021년, 제가 모으기로 선언한 씨앗머니는 3천만 원이었습니다. 워크숍에 참여하는 대부분이 씨앗머니로 3천만 원을 이야기했습니다. 3천만 원을 모으려면 한 달에 250만 원을 적립해야 합니다. 외벌이 4인 가정인 저희 집 사정으로는 적립이 불가능한 금액이었습니다. 연말에 만기 되는 전세 계약에서 세입자에게 2천만 원을 올려 받고, 내가 1천만 원을 모으면 3천만 원이 가능하겠다는 계산이었습니다. 전세 만기는 12월이었고, 그해 가을부터 전국에서 전세가가 폭등을 했습니다. 2천만 원 증액을 예상했는데 세입자는 시세대로 8천만 원을 더 주더라도 재계약을 하고 싶다고 먼저 알려왔습니다. 또 저 역시 1천만 원을 모으겠다는 다짐으로 생활했더니 연말에 1천3백만 원을 만들었습니다. '돈무적' 워크숍을 시작할 때 다짐한 씨앗머니를 완료할 수 있었습니다.

일단 씨앗머니는 얼마를 만들겠다는 목표를 정하고 달성하기 위해 노력하면 만들어진다는 것을 경험했습니다. 종이 위에 쓰면 이루어집니다. 목표를 기록하고 나면, 우리의 뇌는 목표를 달성하는 쪽으로 움직입니다. 이후 새해 아침, 해맞이를 다녀온 후 그해에 만들 씨앗머니를 다짐합니다. 하지만 이전과 다르게 누구의 눈치를 살피며 씨앗머니를 정하지 않습니다. 투자 계획을 먼저 세우고 필요한 금액을 계산합니다. 그리고 1년간 모을 수 있는 금액과 투자금 마련을 위해 적립해야 할 돈까지 확인합니다. 모을 수 있는 돈과 모아야 하는 돈 차액을 채울 수 있는 방법을 생각합니다. 목표는 까치발을 들어서 닿을 만큼이라 하듯이 매달 적립 가능한 돈에서 조금 더 큰 금액으로 정합니다.

지금도 씨앗머니를 모아서 투자했다는 사람들의 이야기를 들으면 마음에 동요가 있습니다. 빨리 돈을 모으지 못하면 기회를 놓칠 것 같은 마음에 조급해지기도 하지만, 예전처럼 무턱대고 모을 수 있는 돈 전부를 적금으로 모으지 않습니다. 투자금을 만들기 전에 꼭 필요한 돈이 있습니다. 바로 비상금입니다. 투자금이 먼저냐 비상금이 먼저냐는 물음에 저는 비상금이 먼저라고 답합니다. 이유는 간단합니다. 투자는 기다릴 수 있지만, 위기는 기다려 주지 않기 때문입니다. 실직, 병원비, 집수리, 가족의 응급 상황은 예측이 어렵습니다. 이때 비상금이 없어 투자금에 손을 대야 한다면 투자를 중단하거나 손실을 감수해야 합니다.

제가 지금까지 계속 적금을 하면서도 큰돈으로 굴리지 못한 이유를 생각해 보면, 비상금이 없었기 때문입니다. 가계부를 작성하다 보면 매달 청구되지 않지만 해마다 발생하는 돈이 있습니다. 명절 비용이나 제사, 김장, 가족 생일, 자동차세, 재산세 같은 세금과 비용입니다. 이런 연간 지출은 가계부를 통해서 예측이 가능합니다. 지난해 달력을 보고 가족들의 생일, 기념일에 쓴 돈들을 대략 정리하면 연간에 필요한 예비비 금액을 파악하고 모아 둘 수 있습니다.

예상할 수 없는 의료비나 사고가 생기면 어떡해야 할까요? 저는 적금을 중도 해지했습니다. 제가 적금을 만기까지 가지 못했던 이유를 돌이켜 보면, 전혀 예상 못 했던 돌발 비용들이 생겼을 때입니다. 그래서 언제든 생길 수 있는 돌발 지출에 대비하는 비상금을 예비비와 별도로 마련해 둡니다. 저희 집 한 달 생활비인 오백만 원을 예상하지 못한 돌발 지출에 쓸 돈으로 카카오뱅크의 파킹통장 격인 세이브 박스에 넣어 두고 있습니다.

지난해 둘째 아이 송곳니가 빠지면서 급히 치아 교정을 하게 되었습니다. 한번 결제할 때마다 백만 원씩 청구되는 교정 비용은 비상금으로 처리했고, 아이 병원비가 청구되는 달에도 생활비와 저축 계획은 흔들림 없이 지켜 냈습니다. 꺼내 쓴 비상금은 연초 남편의 성과금으로 준비합니다. 꺼내 써야 할 일이 생기지 않으면 가장 좋겠지만, 발생하면 중간중간 생긴 잉여금과 부수입으로 우선 채워 놓습니다. 예비비와 비상금은 현금으로 입출금 계좌에 두지만, 그 외 나머지 금액들은 모두 주식 같은 금융 상품으로 투자하고 있습니다. 현재 국내와 미국 주식을 적금처럼 매달 일정한 금액과 매수 주기를 정해 두고 모아 가고 있습니다.

비상금이 있었기에 의미 있는 투자금을 만들어 낼 수 있었습니다. 예전에 아버님의 임플란트 비용도 비상금이 있었다면 천만 원을 지켜 낼 수 있지 않았을까 하는 아쉬움이 남습니다.

가계부를 쓰고 투자금을 마련하는 이유를 생각해 보면, 결국 가족들과 안정되고 안전한 생활을 하기 위함입니다. 가족들이 하고 싶은 일을 하고, 조금 더 나은 환경에서 살아가게 하려는 바람이지요. 우리 가정의 안전망을 탄탄하게 받쳐 주고 나서 투자해야지 급한 마음으로 뛰어들면 손실을 입고, 결과를 감당하기가 어려울 수 있습니다. 저에게 있어 투자금이 성이라면 비상금은 그 성을 지켜 줄 해자였습니다. 투자금과 비상금, 어느 것 하나 버릴 것이 없이 가족을 위해 꼭 가져가야 할 중요한 재무 전략입니다. 허나 굳이 무엇을 더 앞세워야 한다면 가족의 미래를 지키는 첫 번째 돈, 늘 꺼내지 않기를 바라는 비상금이라 할 수 있겠습니다.

씨앗머니 모으는 속도를 높여라

유현주

　종잣돈을 빨리 모아서 자산을 얼른 늘리고 싶었습니다. 오십을 바라보는 나이인데 노후 준비는 되어 있지 않고, 대출 많은 집 한 채, 중학교 입학을 앞둔 아이가 있어서 교육비도 많이 들어가고, 부모님도 노후 준비가 되어 있지 않아서 보탬이 되고 싶었습니다.
　부자가 되고 싶은 이유는 단순했습니다. '돈이 많으면 좋겠다, 돈 걱정 없이 살면 좋겠다'는 생각을 많이 했지만, 어디서부터 무엇을 시작해야 할지 잘 몰랐습니다. 부자가 될 수 없다는 생각이 무의식 중에 자리 잡고 있었고, 부자들의 삶을 동경했습니다. 다른 세상 이야기라 생각했기에 그들은 어떻게, 무엇을 하는지 알아보려는 노력도 하지 않고 현실 탓만 했었답니다. 부자는 선택받은 자들만 누릴 수 있는 특권이라 생각했기에 이룰 수 없는 꿈에 불과하다 생각했습니다.
　회사와 집만 오가며 다람쥐 쳇바퀴 도는 생활을 하던 저는 우연히 블로그를 통해서 주어진 일상을 잘 해내고, 하고 싶은 일도 열심히 하면서 꿈을 이뤄 가는 워킹맘들을 보게 되었습니다. 충격이었지만, 이내 나도 할 수 있다는 강한 동기 부여를 받았습니다.

　삶을 바꾸고 싶다는 생각이 간절했습니다. 시작하면서 시행착오를 많이 겪었지만, 하나씩 해 보기로 했어요. 공부하고 계획을 세워 이뤄 나가다 보면 원하는 삶을 살 수 있다는 확신이 들었기 때문입니다. 오로지 내 집 마련이 목표였던 옛날과는 달리 돈을 모으겠다는 이유와 목표가 명확하고 선명해졌으니까요. 해야 할 이유가 구체적이다 보니 미래를 좀 더 꼼꼼하게 계획을 세웠습니다. 아이 교육비, 노후 자금, 부모님 용돈을 상세하게 적고, 회사 계약 기간도 파악해서 나이대별로 소득과 비용을 산출하였어요. 복잡하고 꽤 긴 작업이었지만 노후를 위해 꼭 필요했기에 정성 들여서 채웠습니다. 30년 후 내 모습을 그려 놓고 그걸 이루기 위해 20년 후, 10년 후, 5년 후 계획을 세웠어요. 미래가 나에게 성큼 다가와 있었습니다.

　목표를 이루기 위해 종잣돈이 필요했고, 공부와 투자가 필수였어요. 독서하고, 내용을 하나라도 실천하고 내 것으로 만들려고 노력했답니다. 큰 목표를 이루기 위해 목표를 잘게 쪼개어 하나씩 이뤄야 한다고 배웠습니다. 노후를 위해선 큰돈이 필요하지만, 3년 동안 투자금 1억을 만들기로 했어요. 먼저 단기간인 6개월 동안 천만 원부터 모으자 했죠.

늦은 나이에 시작한 돈 공부라 자꾸 서두르게 되더라고요. 앉고, 서고, 걷고 뛰어야 하는데, 바로 뛰려고 했어요. 빨리 성과를 내려다보니 대충 하게 되고, 다른 사람과 비교도 많이 하게 되더라고요. 한동안 이런 생각에 얽매여서 루틴도 무너져 버리고, 모든 것이 하기 싫어졌습니다. 책도 읽히지 않고, 읽어도 소용없는 것 같았어요. 꽤 오래 공부했는데, 생각보다 결과가 안 나와서 포기하고 싶어서 핑계를 찾고 있었던 것 같아요.

주말 오후 TV를 보면서 쉬고 있었는데, 드라마 속 주인공이 운동을 그만두려는 딸에게 성장은 꾸준히 상승 곡선을 그리는 것이 아니라 계단식으로 성장한다고 하였습니다. 사람들은 한 계단 오른 뒤 마주하는 평행선이 평생 갈 거라는 두려움과 힘듦에 그만 무너지고 마는데, 그 임계점만 넘으면 다음 단계로 올라선다고 딸을 다독여 주었답니다. 주인공이 나에게 해 주는 말 같았어요. '맞다, 조급한 마음을 버리고 내 속도대로 가야겠다.' 지금까지 한 게 아깝다는 생각이 들었어요. 책 보고 공부한 것이 이해가 안 되면 또 읽자고 다짐하며 마음을 다잡았어요. 새벽에 일어나 커피 한 잔 타서 책상에 다시 앉았습니다. 가계부 적고 계획했던 종잣돈 모으기에 박차를 가했습니다.

절약하는 카페 모임에 들어가서 많은 정보를 얻었어요. 할 수 있고, 좋다고 생각한 것들은 적용했어요. 한 번씩 떠오르는 부정적인 생각은 싹 걷어 내기로 했죠. 싸다고 무조건 사지 않기, 1+1 제품 사지 않기, 싼 제품 찾느라 시간 낭비하지 않고 필요할 때 사서 썼답니다. 가계부를 처음 쓸 때 생활비가 120만 원이었는데, 70만 원을 줄여서 50만 원으로 생활하였습니다. 수익률로 계산하면 60% 가까운 수익률이었답니다. 보험료, 통신비 등 고정 비용을 많이 줄였고, 큰 비중을 차지했던 교육비를 대폭 줄이면서 저축액을 많이 늘렸어요. 슬럼프 아닌 슬럼프를 보내고 나니 '내가 할 수 있는 능력에서 최대한 노력하자! 남과 비교하지 말자!' 하고 다시 실천하게 됐습니다.

책을 읽고 한 가지라도 내 삶에 적용해야 제대로 읽은 거라고 배웠습니다. 공부도 마찬가지입니다. 씨앗머니 모을 때 1억이라는 한 가지에 매몰되어 오로지 적금과 예금만 했습니다. 투자 공부는 했는데 실행은 하지 못했어요. 주식 공부를 하면 ETF를 1주라도 사봐야 하는데 겁이 나서 주식 한 주를 제대로 사지 못했던 거죠. 실행하고 실패하면 무엇이 문제인지 피드백 하는 것이 내 것으로 만드는 가장 좋은 방법이란 걸 알게 되었답니다. 많은 실천 속에 시행착오를 겪어야 종잣돈이 모였을 때 더 신중하고, 실패 없는 투자를 할 수 있습니다.

겁난다는 이유로 안전한 적금과 예금만 선호했답니다. 씨앗머니를 모으면서 잡을 수 있었던 여러 기회를 알지 못했고, 남들과 달리 결과가 나오지 않는다고 나에게 투정 부리며 힘든 시간도 보냈답니다. 지금은 후회보다는 이제는 그러지 말아야지 하고 다짐합니다.

계획보다 빨리 종잣돈을 모으고 계획했던 투자 1호를 사기 위해 강의를 듣고, 임장을 다니면서 많은 시간 공부했습니다. 억수같이 내리는 비를 뚫고 강의장에 가기도 했고, 사고 싶었던 아파트 단지 시세 지도를 만들어서 주변 환경도 기록하고, 한 번도 가 보지 않은 지역에 가서 소장님 만나서 집도 보고, 상권과 학교, 학원을 기록하며 비교했답니다. 내가 살 집을 산다는 생각에 하나씩 꼼꼼히 살펴보고, 비교하고 분석하였지요. 몸은 힘들지만 마음은 가볍고 즐거운 시간이었습니다. 뜻대로 되지 않아서 울기도 했지만, 꾸준히 한 덕분에 계획의 첫 시작을 잘 마무리했습니다. 주식 투자도 책을 보고 공부한 것을 대입해 보고, 기업 분석도 꼼꼼히 하고, 성장기에 들어선 산업 동향을 살펴보고, 주식 1주, ETF 1주씩 사 모으기 시작했습니다. 차트를 보고 공부하고 실행한 덕분에 자산이 조금씩 늘어 가고 있습니다. 나쁜 습관을 버리고 좋은 습관을 만들고 유지하니 씨앗머니를 모으는 속도가 빨라졌습니다. 작고 귀여운 월급이었지만, 아끼고 잘 키웠더니 든든한 지원군이 되어 돌아왔습니다.

작은 성취들이 모여 큰 성공을 이룬다

박춘희

사람들이 말하는 세상의 성공은 나와는 별개라고 생각했습니다. 전업주부로 두 아이를 키우는 동네 아줌마에게 성공이란 단어는 크고 어려운 말이었습니다. 내가 할 수 있는 일이라곤 남편이 벌어 오는 월급에서 빚지지 않고 생활하는 것이 최우선이었습니다. 돈을 모아서 무엇을 하겠다는 꿈도, 희망도 하지 않았습니다. 그러니 씨앗머니가 뭔지 몰랐고, 어떻게 만들어야 하는지, 왜 중요한지 알지 못했습니다. 절약해서 모아야 한다는 압박감만 제 생활을 지배했습니다. 투자도 성공처럼 나와 어울리는 말이 아니었습니다. 가계부에 지출한 것을 기록하면서도 월 결산을 하지 않았고, 저희 집 경제 상황을 제대로 파악하지 못했습니다. 결산과 피드백이 없는 가계부는 한 줄 낙서, 영수증과 다를 바 없었습니다. 지출이 나와 가족에게 무엇을 의미하는지 몰랐습니다. 다들 나처럼 주어진 하루하루 사는 줄 알았습니다.

성공이라는 단어가 내 생활에 등장한 것은 월 결산을 하면서부터입니다. 매일 지출 기록을 하던 가계부를 주말이 되면 항목별로 다시 정리를 했습니다. 아무 의미 없던 돈 쓴 흔적을 항목별로 모으고 분류하니 한 달간 저희 집에서 꼭 필요한 돈이 얼마인지를 알 수 있었습니다. 둘째 아이 피아노 학원비가 12만 원이라는 건 알고 있었지만, 두 아이의 한 달 교육비로 80만 원이 지출되는지는 모르고 있었습니다. 항목별 가계부를 통해서 한 달 교육비도, 자동 이체 되는 보험료 총액도 알게 되었습니다.

3개월 동안 월 결산을 하고 나서야 어느 항목에서 줄일 수 있는지 또 모을 수 있을지 작게 계획을 세울 수 있었습니다. 내가 통제할 수 있는 지출 항목에서 지출을 줄일 방법을 고민하는 시간을 보냈습니다. 고민에 답을 찾는 과정에서 목표가 정해졌습니다. 식비 항목입니다. 3개월간 식비를 모두 더해서 평균을 계산해 대략적인 한 달 식비를 파악했습니다. 당시 63만 원을 식비로 쓰고 있었기에 처음 석 달은 63만 원으로 살아 보기로 했습니다. 그다음에는 63만 원보다 조금만 줄일 방법을 고민했습니다. 6개월 후에는 식비를 50만 원에 맞출 수 있었습니다. 1년 뒤에는 한 달 식비 예산을 45만 원으로 두고, 30일 단위로 쪼개서 하루 동안 쓸 수 있는 돈의 범위를 정해 두고 생활하기도 했습니다.

하루 단위로 예산을 맞춰 생활하는 법을 익히면서 돈이 남는 경험도 쌓아 갔습니다. 하루치의 목표가 있으니, 성공이 하루이틀 저를 찾아왔습니다. 하루 1만 원에 딱 맞춰 생활하기도 하고, 어떤 날은 2천 원이 남기도 했습니다. 그리고 온전히 지출 없이 보내는 날도 생겼습니다. 지나가다 싼 물건들이 보이면 필요 여부를 따지기 전에 물건부터 들었던 저였는데, 물건의 가격이 아니라 내 생활에 중심을 두니 매일매일 꼭 돈을 쓰지 않아도 생활이 가능하다는 것을 체득했습니다. 봉투에 모인 돈이 쓰고 남은 돈이 아니라 내가 직접 만든 씨앗머니라는 걸 알게 되었습니다. 누군가는 아무렇지 않게 지나칠 금액이지만, 나에게는 돈을 다루는 자신감이 되었습니다.

하루하루 목표를 부지런히 지켜 내다 보니 한 달 생활비를 다루는 능력을 키울 수 있었고, 연 단위로 계획도 세울 수 있게 되었습니다. 생활 속에서 돈에 끌려다니는 것이 아닌, 돈을 수중에 쥐고 생활하는 힘이 생겼습니다. 주간 결산이 월 결산으로, 월 결산이 모여 연간 결산이 되었습니다. 가계부를 통해서 현재 저희 집의 재무 상태를 파악하니 '내년에는 이렇게 해 봐야지' 하는 지향점과 방법을 생각하게 되었습니다. 또, 이루고 싶은 큰 목표들도 생겼습니다. 성공이 쌓이면서 내 돈에 대한 자신감도 같이 쌓였습니다. 그리고 앞을 내다보고 준비할 수 있었습니다. 연간 결산을 하면 다음 해에 대한 계획이 자연스레 이어졌습니다. 돈이 모이면서 생긴 '나도 할 수 있다'는 자신감이 제일 크게 저를 변화시켰습니다. 그전까지는 남편이 무심히 저희 집에 돈이 얼마 있냐고 묻는 말에도 괜히 주눅이 들어 답을 하지 못했습니다. 살림을 잘 못해서 돈을 모으지 못했다는 책망처럼 들렸고, 돈 이야기는 남편과 가장 하기 어려운 대화 주제였습니다.

처음 투자를 결정할 때 남편은 걱정이 많았습니다. 집값이 떨어지면 다 네 책임이라 말을 했지만, 이후 투자가 성과를 내면서 남편은 이제 저에게 믿음을 보내 주고 있습니다. 요즘은 모은 돈으로 무엇을 할지 남편과 의논합니다. 피하기만 했던 돈 이야기가 지금은 우리 부부 대화에서 가장 많이 언급되는 화두가 되고 있습니다. 하고 싶은 일과 현재 재정 상황 사이의 거리감을 좁히기 위해 자연스럽게 돈을 공부하기 시작했습니다. 책을 읽고 신문을 챙겨보며, 세상의 가장자리에서 서 있는 아줌마가 아니라, 이제는 한 가정의 경제를 책임지는 사람이 되었습니다.

매번 세운 계획들이 뜻대로 되지 않았습니다. 하지만 계획을 세우고 지키기 위한 방법을 찾는 그 시간이 돈에 대한 주도권을 쥐게 해 주었습니다. 작은 성공들이 자신감이 되어, 시작하게 하는 힘이 되어 주었습니다. 가계부를 쓰고, 돈을 모으는 작은 실행이 하루하루 쌓이면서 삶의 습관이 되었고, 그 습관은 내 생활과 시간을 스스로 다스릴 수 있는 통제력으로 이어졌습니다.

씨앗머니는 결국 돈을 모으는 기술이 아니라 돈에 대한 태도에서 시작됩니다. 적은 금액으로도 버티고 지키는 힘, 고단함과 귀찮음, 때때로 폭풍처럼 몰아치는 감정의 유혹 앞에서도 나 자신과의 약속을 끝까지 지켜 내는 일, 일상을 조율하고 욕망을 자제하는 그 연습들이 결국은 내 돈을 만드는 능력이 되어 주었습니다.

누군가는 종잣돈 하면 수천만 원을 떠올리지만, 시작부터 큰돈이 필요한 건 아닙니다. 복권 당첨처럼 갑자기 큰돈을 쥐고도 모두 탕진해 버리는 안타까운 뉴스들을 떠올려 보세요. 저는 큰 행운보다 돈을 만들고, 키우고, 다룰 줄 아는 능력을 갖추고 싶습니다. 3만 원으로도, 5만 원으로도 충분히 나만의 씨앗을 심을 수 있습니다. 중요한 건 그 씨앗을 매달, 혹은 매주 잊지 않고 돌보는 일입니다. 씨앗은 언젠가 자라 꽃을 피울 것입니다. 생각보다 더 빠르게, 더 단단하게, 더 예쁜 꽃으로요. 가계부 쓰는 것이 익숙하지 않다면 매일 지출을 기록하는 것부터 목표를 삼아 보세요. 마이너스에서 벗어나 돈을 모으고 싶다면, 하루 천 원이라도 모을 방법을 찾아 작은 행동으로 옮기면 됩니다.

티끌 모아 태산이라는 오래된 지혜는 재테크의 세계에서 더욱 빛을 발합니다. 거창한 투자나 대단한 전략이 아니더라도 가계부 쓰기 같은 일상 속 작은 재테크 실천들이 모여 놀라운 결실을 맺을 수 있기 때문입니다. 식비를 하루 단위로 쪼개서 예산을 세워 본 소소한 행동, 월급에서 돈을 쓰는 순서를 바꿔 보는 단순한 판단,

한 달에 한 번이던 의도적 무지출데이를 조금씩 늘려 나간 사소한 선택들이 시간이 흐르면서 든든한 씨앗머니로 자라났습니다. 그 작은 성취들은 단순히 금액의 증가로 끝나지 않았습니다. 작은 성공을 반복하며, 돈에 대한 통제력과 자신감을 얻었습니다. 돈을 바라보는 안목을 길러 주었습니다, 이것은 결국 더 큰 기회를 포착할 수 있는 용기로 이어졌습니다. 작은 성취는 습관이 되고, 습관은 역량이 되며, 그 역량은 단단한 자산이 되어 삶 전체를 바꾸는 선순환을 만들었습니다. 거대한 부의 시작은 언제나 작은 실천에서 비롯됩니다. 그래서 저는 오늘의 이 작은 발걸음이 내일의 풍요로운 자산으로 향하는 여정의 첫 단추가 되어 줄 것이라 믿습니다.

제3장

자산을 불리는
핵심은 따로 있다

원칙 없는 투자는
흔들릴 수밖에 없다

유현주

돈의 가치는 하락하고 물가는 상승하기 때문에 생활비는 시간이 지날수록 더 많이 필요했어요. 수입을 늘리고 지출을 줄이는 것도 좋은 방법이지만, 쉬운 일이 아니었죠. 가치가 오를 자산을 모아가는 것이 중요하다고 배웠는데, 상승할 자산을 보는 안목을 키우기 위해 공부도 해야 했습니다. 자본주의에서 살려면 맞서지 않고 대응하고 친해져야 했습니다. 친해지는 방법이 공부와 투자라 생각합니다. 큰 부를 이룬 부자들을 보면 부모님으로부터 유산을 물려받았거나 운이 좋아서 손쉽게 부를 이뤘다고 생각했는데, 실제 부자들은 절제하고 공부하면서 끊임없이 노력했다는 걸 알게 되었어요.

결혼하고 아이를 키우다 보니 내 집 마련은 꿈같은 이야기였어요. 손쉽게 돈 벌려는 마음은 아니었지만, 친구나 지인이 주식 투자 해서 큰 수익을 냈거나, 살고 있는 곳이 이사 올 때 보다 많이 올랐다는 이야기를 들으면 자연스레 관심이 가고, 투자하고 싶은 마음이 들더라고요.

부동산 투자를 하려고 종잣돈을 모았습니다. 주식에 비해 가격 변동이 크지도 않고, 1채 금액이 크니까 오르는 폭이 높고, 제일 안전한 자산이라 생각했거든요. 사람들이 살고 싶은 집은 어떤 곳인지, 교통, 학군, 상권, 주변 환경까지 세세히 살펴보았고, 연령대별 인구 분포와 입주 물량까지 체크하고, 앞으로 이 지역이 오를지 내릴지 유추해 보기도 했어요. 지도를 만들고 임장 다니면서 온라인으로 조사했던 자료들을 전부 살펴보았습니다. 비슷한 위치의 아파트라도 가격이 다르면 무슨 요인으로 더 비싼지 체크하고, 대출은 얼마나 가능한지 하나부터 열까지 꼼꼼하게 살펴보았답니다.

부동산 공부할 때 이렇게 꼼꼼히 살펴보았는데, 내 집 마련할 땐 살고 싶었던 동네, 교통, 상권과 학군이 좋은 곳보다는 가지고 있는 돈에 맞춰서 적당한 곳을 골라서 샀습니다. 평생 산다는 마음이 깊숙이 자리 잡고 있었지만 입지를 중요하게 보지 않았습니다. 더욱 입지를 더 중요하게 봐야 하는데 말이죠. 10년 넘게 살면서 장점도 많지만, 그때 이것도 봤더라면 좋았을 걸 하는 단점도 보였습니다. 이렇게 내 집 마련은 후회가 많이 남습니다. 좀 더 좋은 물건을 저렴한 가격에 사고 싶은 마음이 커서 그렇겠지요. 실거주 집도, 투자도 후회하지 않으려면 나만의 투자 기준을 명확히 세우고 적용해야 한다는 걸 배웠습니다.

주식은 무서운 투자였어요. 친한 지인의 낯빛이 어두워 걱정했는데, 남편이 주식 투자를 잘못하여 큰 빚을 져서 살던 집을 정리하고 시댁에 들어가게 되었다고 했어요. 직장 상사는 대출까지 받아서 투자했는데, 결국 집을 경매로 날려 버리고 이혼까지 하는 걸 보면서 주식은 정말 하면 안 되는 줄 알았어요. 도박이라 생각할 정도로 선입견이 컸답니다.

종잣돈 모을 때도 주식에 관심을 두지 않았다가, 아이 고등학교 입학 선물로 네이버 주식 1주를 선물받으면서 공부를 시작했답니다. 자연스레 공모주도 관심을 가지게 되었죠.

공모주는 주택청약과 비슷한 개념인데, 증권시장에 처음 상장하는 기업 주식을 청약해서 배정되면 주식을 가질 수 있습니다. 상장하는 날 주식을 팔면 개별 종목 투자보다는 위험성이 적어 보여서 반찬값 정도 벌어 보자는 마음으로 시작했답니다.

선물 받은 네이버가 계속 마이너스를 기록했어요. 받을 당시 최고 가격이었나 봐요. 누구나 다 아는 기업인데 왜 이렇게 내려가는지 궁금했고, 이 회사는 앞으로 어떻게 되는지 살펴보고 싶었어요. 주식 가격이 계속 하락하면 회사가 문을 닫는 줄 알았거든요. 주식 1주로 깊숙이 발을 들이게 되었어요.

책도 읽고, 사고파는 방법도 배웠지만, 시시각각 변하는 숫자들은 정신을 쏙 빼놓았답니다. 주식을 살 때마다 더 신중하게 사려고 했어요. 기업이 수익을 내고 신문 기사에 좋은 소식이 들려도 주가가 내려가기도 하고, 경기가 어렵다는 기사가 나오면 주식은 더 내려가고 매일 시시각각 변하는 시장이었기 때문입니다. 생활비 아낀 돈으로 사는 거라서 잘 불리고 싶었거든요.

예·적금만으로 자산을 불리기는 한계가 있다는 걸 알게 되었어요. 무섭게만 바라본 주식이었는데 경제에서 기업을 빼놓고 이야기를 할 수 없기에 제대로 알고 투자하자는 생각이 들어서 주식 공부에 더 많은 시간을 할애했습니다. 매일 책도 보고, 주식 용어도 익히고, 기업도 살펴보기 시작했어요. 차트와 신문도 더 꼼꼼히 보았답니다. 기업의 수익 구조와 산업 보고서도 읽으며 아는 기업들을 늘려 가기 시작했답니다.

에코프로가 주식 시장에서 큰 인기를 끌었습니다. 삼삼오오 모이면 빠지지 않고 등장하는 회사였지요. 지인은 에코프로를 샀냐고 묻기도 했어요. 수익률이 꽤 크다는 이야기를 들어서 재무제표를 살펴보았답니다. 연구 개발 비용을 많이 들인 것에 비해 실적은 나오지 않았고, 이슈로 인해 상승을 많이 한 상태라 거품이 많다는 생각이 들었어요. 결국 투자하기에 적절하지 않다는 생각이 들어서 사지 않았답니다. 지인은 사기만 하면 20%~30% 수익 나는 건 시간문제라며 자꾸 사라고 부추기더라고요. 그 주식을 이제 팔아야 할 때라고 했지만, 의미 없는 메아리 같았습니다. 몇 달 후,

여러 번의 깊은 한숨이 상황을 상세하게 설명해 주었답니다.

투자하면서 후회를 참 많이 했습니다. '그때 살걸, 그때 팔아서 수익을 냈어야 했는데' 하고 말이죠. 사지 못했던 건 공부가 제대로 안 되어서 매수 버튼 누르기에 머뭇거렸고, 목표했던 수익률보다 더 상승하는 주식을 보면서 욕심을 내다 보니 제때 팔지 못했던 경우도 많았답니다. 원칙 없이 투자할 땐 자신감이 없어서 투자하고도 매번 흔들렸던 것 같아요.

주식은 사는 시기에 따라 수익률이 달라지기 때문에 언제 사고 팔지 정해야 했어요. 만약 기업 분석과 산업 분석이 잘못되어서 마이너스가 나더라도 다음을 기약할 수 있기 때문입니다. 초보라서 투자 원칙을 세우는 게 쉽지 않았지만, 시행착오를 겪으면서 나에게 맞게 수정하고 보완하고 있습니다. 또, 원칙을 지키려고 오늘도 독서하고 공부합니다. 힘들게 모은 돈을 정성스럽게 돌보고 불리는 게 제대로 된 투자라 생각하니까요.

주식 투자의 기본

유현주

주식 투자를 한 번도 해 보지 않았을 때는 마냥 무서웠습니다. 투기와 투자를 혼동해서 주식 투자를 하면 무조건 집이 망한다고 생각했거든요. 몰라서 더 두려웠습니다. 모든 투자가 마찬가지겠지만, 주식 역시 기본과 기초가 중요했습니다. 기본과 기초 지식을 익혀야 감에 의해 마구 지르는 투기가 아닌 제대로 된 투자를 할 수 있는 법이라 생각합니다.

주식 투자의 기본은 그리 어렵지 않습니다. 부지런히 관련 책을 읽고, 서툴지만 기업 분석을 해 보는 것입니다. 신문을 보고, 증권 보고서를 읽으면서 기업 정보를 하나씩 쌓으면 되거든요. 주식은 부동산보다 변동성이 훨씬 크기 때문에 매일 조금씩 들여다보고 관심을 놓지 않는 것이 필요합니다. 자주 보게 되면 가랑비에 옷 젖듯이 나도 모르는 사이 많은 기업과 산업 동향을 파악하게 되기 때문입니다.

이것으로도 시작하기에는 충분합니다. 기본이 제일 중요하고, 나만의 투자 원칙을 세울 수 있는 틀이 되니까요. 원칙을 잘 지킨다면 남들 따라 덜컥 샀다가 잃게 되었을 때 무엇 때문인지도 모르는 투기는 하지 않을 테니까요. 내 돈은 나 스스로 지켜야 나를 위해 일하는 법입니다.

주식 차트를 꾸준히 봅니다. 차트는 주식 캔들, 거래량, 이동평균선으로 구성되어 있답니다.

1. 주식 캔들- 주가의 움직임을 막대그래프로 표시하여 직관적으로 확인할 수 있어요. 아침 9시 주식 시장이 열릴 때, 어제 마감한 가격보다 높은 가격에 거래가 시작되면 빨간색 모양의 막대그래프가 그려집니다. 주가 상승을 의미하죠. 반대로 어제 마감 가격보다 낮은 가격에 거래가 시작되면 하락을 뜻하는 파란색 막대그래프가 그려지는 것이죠.
2. 거래량- 차트 하단에는 주식이 거래된 수가 표시됩니다. 설정 방식에 따라 달리 해석이 되지만, 일반적으로 어제보다 거래량이 많으면 빨간색으로, 적으면 파란색으로 표시됩니다.
3. 이동평균선- 주식 캔들 사이로 그어진 여러 색의 실선들은 특정 기간 주가의 평균값을 계산한 것입니다. 이동평균선은 줄여서 '이평선'이라고 하며, 5일, 20일, 60일, 120일 선 등이 주로 표시됩니다. 120일 선이 깨지거나 돌파하면 주식을 사거나 팔

아야 합니다. 주식 가격이 바닥이거나, 바닥을 다지고 상승할 준비를 하고 있기 때문입니다.

차트는 투자자들의 투자 심리가 많이 내포되어 있고 심리에 의해 주식 가격이 좌지우지되는 경우가 많기에 항상 주의 깊게 살펴봐야 합니다.

전문가들처럼 분석할 줄 몰랐습니다. 아무거나 덜컥 사면 돈을 잃을 것 같았거든요. 그래서 재무제표를 꼼꼼히 살피고 실적과 예상 실적 2가지를 체크하고 투자할 산업군 중에서 우량한 회사를 선택했습니다. 우량주는 시가총액이 크고 거래량이 많아서 주가 변동이 상대적으로 적고, 혹여 떨어지더라도 회복할 가능성이 크기 때문입니다.

투자한 주식이 떨어지면 하락한 원인을 찾아보았습니다. 신문 기사를 검색하고, 주가에 크게 영향을 끼치는 요인도 알아보고, 기업 내부 문제로 떨어지면 주식을 팔았습니다. 기업에 문제가 생겼다는 건 투자의 이유와 근거가 훼손된 것이기 때문입니다. 반면 금리 문제, 국가 간 이권 문제 등 경제적인 이슈나 외부 문제면 회복할 수 있을지 가늠해 보았습니다. 시장이 다시 안정되면 가격은 원래의 가치에 맞춰지니까요. 외부적인 문제라는 판단이 들었을 때는 추가로 주식을 더 사기도 했답니다.

주식은 장기, 중기, 단기로 나눠서 투자하고 있습니다.

장기 투자는 노후 자금으로 투자하고 있답니다. 주가 등락에 크게 신경 쓰지 않고 매월 적립하고 있어요. 배당금은 쓰지 않고 재투자하기에 복리 효과를 보고 있답니다. 우량주와 지수 투자도 하고 있답니다.

주가지수는 주가의 변동을 나타내는 지표입니다. 대표적인 지수로는 코스피, 코스닥, S&P500, 나스닥 등이 있습니다. 지수가 올라가면 수익률도 함께 오르지요. 따라서 해당 지수에 투자하면 다양한 자산에 분산 투자하는 효과를 갖고 있기 때문에 리스크를 줄이고, 시장 평균 수익률을 기대할 수 있습니다.

자산을 늘리기 위해 3년~5년 정도 투자 기간을 설정하고, 중기 투자를 진행하고 있답니다. 기대 수익률을 20%~30% 정도로 높게 설정하여 투자하고, 시장 흐름이 좋지 않을 때는 주식 매수를 잠시 멈추고 기다리기도 합니다.

단기 투자는 현재 유망한 산업군이나 향후 1년 정도 꾸준히 성장이 예상되는 산업군에 투자하고 있습니다. 은행 이자보다 조금 더 수익을 낸다는 생각으로 평균 수익률을 8%~10% 정도로 정하고, 크게 욕심부리지 않습니다.

투자 종목은 5가지 기준을 두고 선정합니다.

첫 번째, 매년 매출과 영업 이익이 꾸준히 증가하고 있는지 살펴봅니다. 매출과 영업 이익이 전년과 비교해서 10% 이상 늘고 있으면 장사를 잘한다고 판단하고 있습니다.

두 번째, 부채 비율을 살펴봅니다. 회사가 빚이 많으면 운영하기 어렵습니다. 거래처에 신뢰도 떨어지고, 이자 비용과 리스크가 증가하므로 결국 전체 이익이 줄어들게 됩니다. 부채가 클수록 주가에도 나쁜 영향을 미칩니다.

세 번째, 영업 활동 현금 흐름을 살펴봅니다. 영업 활동 현금 흐름이 좋다는 건 기업이 사업을 잘 운영해서 현금을 잘 만들어 내고 있다는 뜻이랍니다. 이는 회사를 안정적으로 운영할 수 있는 기반이 됩니다.

네 번째, 수주 및 발주 현황을 살펴봅니다. 향후 실적과 연결되므로 주가에 좋은 영향을 미칩니다.

다섯 번째, 기업의 가치가 저평가되어 있는지 살펴봅니다. 가치는 보통 PER이나 PBR 등으로 체크하는데, 동종 기업 3곳 이상과 비교해서 숫자가 작으면 저평가로 봅니다. 투자하려는 기업이 저평가되어 있으면 주식이 오를 확률이 크니까요

주식 투자 할 때 5가지 항목을 꼼꼼히 체크하고, 3~4개 이상 충족하지 않으면 기업 분석을 다시 하거나 투자하지 않습니다. 잃지 않는 투자를 위해서 보수적으로 접근합니다.

책상 위에 놓인 주식 책을 한 장 넘기고, 매일 신문을 펴 기업과 시장의 흐름을 살펴봅니다. 증권사 보고서를 통해 기업의 과거와 미래를 가늠하는 것, 이 기본을 지키는 일이 가장 확실한 길이었습

니다.

복잡하게 느껴질 수 있지만, 결국 투자의 핵심은 기본의 반복에 있습니다. 나만의 투자 원칙을 정하고, 그 원칙을 흔들림 없이 지켜 나가는 것, 그렇게 쌓아 올린 기본기가 변동이 심한 주식 시장에서 내 자신을 지키는 든든한 방패가 되어 주었습니다.

주식 투자의 기본은 멀리 있지 않았습니다. 책상 위에 놓은 책과 손안의 뉴스에, 그리고 저의 꾸준함 안에 있었습니다.

부동산 투자의 기초

박춘희

저의 첫 부동산 투자는 투자라고 부르기엔 아주 미약했습니다. 투자의 개념도, 수익에 대한 기대도 없이 마음에 이끌려 내린 결정이었습니다. 그저 '제주도에 내 집이 있었으면' 하는 소망이었지요. 제주도는 남편의 발령으로 2년간 생활했던 곳입니다. 아이들과 주말마다 섬 구석구석을 여행했습니다. 그 시간은 제 인생에서 얼마나 따뜻하고 특별했는지, 평생 간직하고 싶은 기억이 되었고, 언젠가 다시 이곳에서 살아 보고 싶다는 꿈이 자라났습니다. 그 꿈은 목표로 이어졌습니다.

아이들이 초등학생이 되면서 다시 육지로 돌아왔습니다. 그러던 중, 전세로 살았던 제주 아파트의 임대인에게서 매매 제안을 받았습니다. 전세로 들어오겠다는 사람은 있는데, 매수하려는 사람이 없다는 이야기였습니다. 매매가와 전세가의 차이는 2천5백만 원이니 혹시 관심이 있는지 물었습니다. 그 말을 듣는 순간, 기회라는 확신이 들었습니다. 생각할 겨를도 없이 사겠다는 말이 튀어나왔습니다. 품었던 꿈이 현실이 되었습니다. 제 인생에서 첫 주택 소유였습니다. 결정은 간단하지 않았습니다. 남편의 반응은 싸늘했습니다.

"그렇게 오래된 아파트를 2억 넘게 주고 산다고? 집값이 떨어지면 어쩌려고."

서운하기도 했지만, 남편 말이 틀린 건 아니었습니다. 외벌이 가정에서 온전히 수입을 책임지고 있던 남편으로서는 아주 현실적인 걱정이었습니다. 돌이켜 보면, 진짜 문제는 우리 부부 둘 다 부동산이라는 자산에 대해 아무것도 모르고 있었다는 점입니다. 추억과 감정만으로 수천만 원이 오가는 결정을 내렸고, 공부하지 않은 선택은 불안과 갈등을 동반했습니다.

남편은 2년마다 발령을 받아 전국을 옮겨 다녔습니다. 그때마다 전세를 전전했지요. 계약서가 바뀔 때마다 돈도 움직였습니다. 이사 들어갈 땐 전세금을 내고, 2년 후 같은 금액을 돌려받고 나오니 공짜로 사는 것 같았고, 좋은 제도라고 생각했습니다. 어느 순간부터 전세금이 오른다는 사실을 체감했지만, 그게 부동산 가격 상승의 신호라는 것을 생각하지 못했습니다.

동탄에서 살던 때였습니다. 이사 들어갈 땐 1억 원이던 전세가가 2년이 지나니 1억 9천만 원이 되었습니다. 그때 전세금이 시간이 지나면 오를 수 있다는 사실에 단순히 놀랐을 뿐, 그 의미가 무엇인지는 몰랐습니다. 문제는 거기서 끝나지 않았습니다. 전세 계약 만기를 지키지 못했기에 다음 세입자를 구할 때 중개 수수료를 제가 부담해야 했습니다, 그 기준이 현재 전세가였던 겁니다. 저는 1억 원에 살았는데, 수수료는 1억 9천만 원 기준으로 내야 했지요. 그때 처음으로 전세 제도가 세입자에게 좋은 제도가 아닐 수 있다는 의심이 생겼습니다.

그 후로 이사 갈 때마다 전세 보증금은 올랐고, 우리 부부는 부족한 돈을 맞추느라 늘 허덕였습니다. 죽전에서는 사정이 더 심각했습니다. 아이들이 입학해서 이사를 마음대로 할 수 없는 상황이었습니다. 2년 뒤 재계약 시점에 집주인은 보증금을 6천만 원 더 올려 달라고 요구했습니다. 같은 집인데 2년 만에 집값이 그렇게 오른 겁니다. 남편 연봉을 뛰어넘는 수준이었고, 그제야 전세는 나를 위한 제도가 아니라 집주인의 자산을 지켜 주는 시스템임을 완전히 깨달았습니다. 그때부터 집을 단지 '사는 곳'이 아니라 경제적 장치로 보기 시작했습니다. 이때 가장 중요한 개념을 하나 배웠습니다. 부동산은 필수재라는 점입니다. 살 곳이 필요한 사람들은 늘 존재하고, 그 수요는 지역의 인구와 생활 여건, 경제 상황에 따라 움직입니다. 그리고 이 '필수재'는 동시에 '투자 자산'이기도 합니다.

제주 아파트를 매수한 지 2년 후, 그 집은 3억 3천만 원이 되었습니다. 세입자의 전세 보증금은 1억 8천만 원은 그대로였고, 제가 넣었던 2천5백만 원은 1억 5천만 원이 되었습니다. 1억 2천5백만 원이 2년 만에 자라났습니다.

투자라는 걸 제대로 배우기 전, 몸으로 먼저 경험한 수익이었습니다. 단순히 돈을 벌었다는 기쁨이 아니었습니다. 돈이 시간에 올라타면 커질 수 있다는 것, 돈 버는 방법이 출근해서 받는 월급 말고 또 다른 방법이 있다는 자각이었습니다. 이후 부동산 책을 읽고 실거래가를 확인하고, 국토부와 통계청 자료를 찾아보며 본격적으로 공부를 시작했습니다. 사람들은 늘 좋은 곳에 살고 싶어 하며, 그런 곳은 한정적입니다. 이 단순한 사실이 가격 상승의 원동력입니다. 제가 세입자로 집을 구할 때 고려했던 부분은 아이들 학교와 학원이 가까워야 하고, 마트, 도서관, 병원 같은 편의 시설이 도보 이용이 가능한지 제일 먼저 살폈습니다. 그다음 가장자리 집인지, 전체 몇 층인지, 아파트 내 놀이터가 잘 관리되는지 등이었습니다. 놀랍게도 부동산 투자자가 되어서 아파트를 선택할 때 비슷한 조건들이 살폈습니다. 그래서 집을 선택할 때마다 투자자든 세입자든 입지 조건을 최우선으로 둔다는 것을 알게 되었습니다.

전셋집을 구할 때도 기준이 있었던 것처럼 투자할 때도 기준을 만들었습니다. 비슷하지만 조금의 차이가 있습니다.
첫째, 입지입니다. 지하철역, 학교, 대형 마트, 병원 등 편의 시설이 모여 있는 곳과 일자리 여부를 우선으로 봅니다.

둘째, 수요와 공급입니다. 예정된 입주 물량과 인구 흐름을 함께 분석합니다. 공급이 많으면 집값은 오르지 못하고, 공급이 적으면 상승할 수 있습니다. 전세를 구할 때 입주하는 아파트 단지가 있다면 전세가는 조금 저렴하게 집을 보고 골라 갈 수 있었습니다.

셋째, 장기적 관점입니다. 부동산은 단기 투자가 어렵습니다. 긴 안목으로 지역 발전 가능성 같은 미래 가치가 있는가를 봅니다. 제가 전셋집을 구할 때는 전혀 고려하지 않던 조건입니다.

넷째, 정부 정책입니다. 대출 규제, 세금, 공급 확대 등 정책의 변화는 집값에 영향을 주기에 챙겨보고 있습니다.

다섯째, 데이터 확인입니다. 실거래가, 전세가율, 평단가, 세대수, 연식, 인구수 등 데이터를 직접 찾아보고 수치를 바탕으로 판단합니다. 실거래가는 '국토부 실거래가 시스템'이나 '호갱노노', '네이버 부동산' 앱을 활용해서 확인할 수 있습니다. 전세가율, 평단가, 세대수, 연식 등은 'KB부동산' 홈페이지나 '네이버 부동산'으로 볼 수 있고, 입주 물량과 인구수 등은 '부동산 지인' 앱을 통해서 확인할 수 있습니다.

집값은 단순한 숫자가 아니라 사람들의 마음이 반영된 결과입니다. 살고 싶은 곳, 편의 시설, 교육과 교통이 잘 갖춰진 곳에는 수요가 몰리고, 자연스럽게 가격도 오릅니다. 부동산 가격은 데이터로 결정되지만, 사람의 심리로 움직입니다. 초보 투자자일수록 감정이 아닌 기준을 세워야 합니다. 부동산은 누군가에겐 두렵고,

누군가에겐 기회입니다. 그 차이를 만드는 것은 기본 지식입니다. 공부하지 않으면 어렵습니다. 뉴스를 챙겨보고, 지도를 펴고, 동네 단지를 비교하면서 '왜 이 단지가 더 비쌀까?' 자문하는 것만으로도 눈이 열립니다.

부동산은 우리 삶의 가장 현실적인 투자 대상이며, 시간이 흐를수록 살기 좋은 곳의 가치는 사라지지 않습니다. 거창한 전략보다 기초 지식에 충실하고, 지역을 관찰하고, 감정이 아닌 기준으로 판단하는 것이 지금까지 제가 지켜 온 투자 태도였습니다. 누구나 처음은 모릅니다. 그러나 포기하지 않고 매일 10분이라도 시장을 살펴보고, 지도를 펼쳐보면 나만의 투자 안목이 생기고, 돈이 자라는 터전을 찾아낼 것입니다.

시간이 만든 기적을 체감하라

박춘희

   2020년 우리나라 은행 적금 금리는 2%였습니다. 당시 이사를 앞두고 있어서 적금에 가입할 생각조차 하지 않았습니다. 친하게 지내는 동네 언니들이 하나같이 하나은행의 5% 적금에 가입했다는 이야기를 듣고, 괜히 불안해졌습니다. 5%는 엄청난 숫자로 보였습니다. '다들 가입했는데 나만 못했구나' 하는 막연한 불안감이 밀려왔습니다. 지금 돌이켜 보면 그건 명백한 포모 증후군이지만, 당시에는 혼자만 뒤처진 기분이 컸습니다. 언니들이 가입한 하나은행 적금을 대신할 것을 생각했습니다. 문득 블로그 이웃이 소개한 '소수점 투자'가 떠올랐습니다. 국내 주식은 1주 단위만 거래되지만, 미국 주식은 1주를 잘게 쪼개어 내가 원하는 금액만큼 살 수 있다는 내용이었습니다. 소수점 투자가 가능한 증권사가 신한증권이라 소개했습니다. 네이버에 검색해 가며 신한증권의 해외 주식 거래 계좌를 개설했습니다. 그전까지 미국 주식을 사 본 적도 없었고, 환전 경험이라곤 신혼여행 때 공항에서 한 게 전부였던 제가 미국 주식 투자에 첫발을 내디뎠습니다.

매일 1만 원씩 미국 주식을 사기로 마음먹었습니다. 1년이면 365만 원, 언니들이 가입한 적금과 비슷한 규모입니다. 당시 저희 집 하루 생활비가 1만 원이었기에 30만 원은 한 달 식비에 해당하는 큰돈이었습니다. 하루를 쓰면, 하루를 투자하는 삶. 1만 원을 쓰면, 1만 원을 투자하는 생활을 시작했습니다.

매일 아침 8시, 알람이 울리면 카카오뱅크에서 신한증권으로 1만 원을 이체했습니다. 그리고 익숙한 미국 기업 중 하나를 골라서 소수점 매수를 했습니다. 그중 가장 친근하게 다가온 기업은 단연 '애플'이었습니다. 애플 아이폰은 이미 많은 사람의 마음을 흔들고 있었고, 제 주변에서도 아이폰 사용자들이 한 명, 두 명 늘어났습니다. 특히, 아이패드를 갖고 싶다며 노래하던 첫째 아이 덕분에 애플은 저에게 가장 익숙한 브랜드였습니다. 존 리 대표의 책 『엄마, 주식 사주세요』에서처럼, 아이들이 햄버거를 먹고 싶다고 하면 맥도널드 햄버거뿐 아니라 맥도널드 주식도 함께 샀습니다. 커피가 생각나면 스타벅스 주식도 1만 원어치 매수했습니다.

토요일과 일요일에도 증권 계좌에 1만 원씩 이체해 두었습니다. 월요일이 되면 주말까지 포함해 3일 치 금액으로 한 종목을 매수하거나, 각기 다른 종목을 1만 원씩 나눠 사기도 했습니다. 한 달에 한 번 자동 이체 되는 적금과는 달리, 이 방식은 매일 직접 돈을 이체하고 '매수' 버튼을 눌러야 하는 번거로움이 따랐습니다. 하지만 어제보다 조금씩 달라진 계좌의 숫자들이 다음날에도 또 1만 원을 이체하게 만드는 힘이 되어 주었습니다. 미국 주가 지수가 하락한 날에도, 상승한 날에도 변함없이 1만 원씩 매수했습니다. 1년 동안은 매일 1만 원씩 사자는 것이 그해 제 자신과의 약속이었으니까요. 365만 원이 1년 뒤 어떻게 변할지 기대되었고, 적금과는 얼마나 다를지에 대한 궁금함도 매일 주식을 사게 만든 원동력이었습니다. 2020년은 전 세계가 멈춰 선 해였습니다. 코로나19로 인한 팬데믹은 지금까지 겪어 보지 못한 경제 정지 상태를 만들었습니다. 뉴스에서는 매일 같이 불안한 소식이 전해졌고, 우리나라뿐 아니라 미국 주식 시장도 출렁였습니다. 미국 주식이 폭락하는 날도 여러 번 있었습니다. 하지만 제가 매수하는 금액은 하루 1만 원이라 뉴스에서 말하는 폭락이 체감될 만큼 큰 충격으로 다가오진 않았습니다. 그저 매일 하기로 했으니 해 보자는 마음이 저를 다시 매수 버튼 앞으로 데려다 놓곤 했습니다.

미국 주식 시장은 빠르게 회복되었습니다. 상반기가 지나자, 한 자릿수였던 수익률이 두 자릿수로 오르고, 적립 금액이 커질수록 평가 금액도 함께 불어났습니다. 7월부터는 하루 1만 원이던 투자 금액을 1만 5천 원으로 늘렸습니다. 마침 카카오뱅크에서 매일 4천 원씩 넣던 적금이 만기 되면서 작은 여유가 생겼고, 이왕 하는 김에 1천 원 더 보태기로 했습니다. 저희 집 하루 생활비보다 매일 투자금이 더 커지는 순간이었습니다. 다음 해 2월까지 미국 주식 계좌에 들어간 총투자 원금은 약 685만 원이었습니다. 같은 시기

이웃 언니들의 적금도 만기가 되었습니다. 기대했던 5% 금리에 들떴던 언니들은 이자가 고작 8만 원이라며, 생각보다 적어서 실망스러웠다고 전했습니다. 제 미국 주식 계좌의 수익률은 35%로 원금의 1/3 이상이 불어나 있었습니다. 그 후로도 계좌는 시간과 함께 스스로 자라나고 있습니다. 현재 수익률은 200%를 넘어섰고, 그 계좌 속 자산은 2천만 원을 돌파했습니다.

만약 그때 5% 적금에 가입했더라면, 지금처럼 미국 주식에 대해 알지 못했을 것입니다. 1년이 지나 원금 360만 원에 이자 9만 7천5백 원이 붙어 369만 7천5백 원이 되었을 겁니다. 여기서 이자소득세 1만 5천 원을 제한 돈 368만 원을 손에 쥐었을 겁니다. 아마도 이사 때 구입 못한 식기세척기와 건조기를 샀을 겁니다. 필요했던 소비였겠지만, 거기서 배움은 없었을 겁니다. 하지만 저는 그때 적금을 선택하지 않았고, 그 덕분에 매일 1만 원을 이체하며 미국 주식을 공부하게 되었습니다. 투자를 습관으로 만들며 돈을 다루는 감각과 태도를 익혔습니다. 소비보다 훨씬 더 큰 가치와 배움을 얻었습니다.

2020년도의 1만 원을 그대로 지갑 속에 넣어두었다면, 지금도 그 가치는 단지 1만 원일 뿐입니다. 하지만 그 1만 원을 주식이라는 금융자산으로 옮겨 두었더니, 시간이 지나면서 그 가치는 훨씬 커졌습니다. 그 경험을 통해 시간이 얼마나 강력한 자산인지 실감하게 되었습니다. 매일 같은 루틴을 반복한 꾸준함이 결국 신뢰할 만한 결과를 만들어 낸다는 것도 믿게 되었습니다. 예전에는 은행에 돈을 맡기고 이자가 불려 주기를 기대했습니다. 이제는 내가 직접 투자하는 것과 남에게 맡기는 것의 차이를 확실히 알고 있습니다. 매일 증권 계좌로 돈을 이체하고, 매수 종목을 선택하는 수고를 하면서 자연스럽게 미국 주식에 관심이 생겼고, 관심은 경제 공부로 이어졌습니다.

예전에는 숫자와 글자로만 보이던 경제 기사가 이제는 실제 투자와 연결되어 이해되고, 생활과 밀접해지니 재미까지 생겼습니다. 미국 주식을 매수하기 전까지 저도 안전하고 원금이 보장되는 적금만 들었습니다. 이제는 내 돈에 대한 주도권을 내가 가지고 투자하는 것에 대한 확신이 있습니다. 남에게 맡긴 돈이 클 수 있는 데는 한계가 있지만, 내가 스스로 공부하고 투자한 돈은 성장 가능성이 훨씬 큽니다. 경제 공부 하면서 시간과 돈, 어느 것이 더 중요하냐는 질문을 종종 받습니다. 시간은 누구에게나 공평하게 주어지기 때문에 시간이 힘이 있다고 생각하지 못했습니다. 돈을 벌기 위해서는 결국 내가 가진 시간과 노동을 먼저 제공해야 한다는 것도 한참 후에 알게 된 사실입니다.

자본주의 사회에서 시간은 돈보다 귀합니다. 돈은 시간을 들여 다시 벌 수 있지만 시간은 돈으로 살 수 없습니다. 1년간 미국 주식에 투자하며 자산에 더해진 시간의 힘을 온몸으로 체감했습니다. 매일 적립식 투자로 쌓인 금액은 단순히 숫자가 아닌, 시간이 축적된 살아 있는 자산이 되었습니다. 이 경험은 수익률을 넘어서 금융에 대한 이해와 돈을 다루는 감각 그리고 주도권을 제 손에 쥐게 해 주었습니다. 이제는 은행이 불려 주는 이자보다 내가 시간과 루틴으로 키워 낸 돈을 더 믿습니다. 지금도 저는 루틴처럼 투자합니다. 제 선택이 옳은 선택이 되길, 매일 주식을 사고 경제 기사를 읽고, 돈을 공부합니다. 시간을 제 편으로 만들었기 때문입니다. 작은 돈을 꾸준히, 시간을 실어 투자하면 그 돈은 결국 기적처럼 자랍니다. 기적은 결코 갑자기 오지 않습니다. 매일의 아주 작은 선택들이 시간을 타고, 복리를 타고, 결국 내 삶을 바꿔 놓는 것입니다.

위험과 기회를 구분하는 법

박춘희

투자라면 반드시 갖추어야 할 세 가지가 있습니다. 종목을 고를 안목, 경제 흐름을 꿰뚫는 통찰력 그리고 자신만의 투자 기준입니다. 이 세 가지를 갖추기 위해서 저는 경제서와 신문을 읽고 있습니다. 경제서나 자기 계발서를 펼치면 빠지지 않고 등장하는 조언이 있습니다. '돈 관리를 위해 가계부를 쓰고, 가정의 현금 흐름을 파악해 투자하라, 자본주의의 원리를 이해해야 한다' 등입니다. 이런 책 속 지식을 내 삶에 적용하려면, 결국 시간 내서 공부해야 한다는 것을 깨달았습니다. 신문도 마찬가지였습니다. 부자들은 새벽에 일어나 신문을 본다는 말을 듣고 저도 신문을 보기 시작했습니다. 처음부터 잘되지 않았습니다. 읽히지 않으니 종이 신문을 펼쳐 보는 것조차 싫었고, 하루만 지나도 그 정보는 소용없는 것처럼 느껴졌습니다. 신문을 읽지 못한 날은 스스로 몰아세우기도 했습니다. 그래도 앞서 성공한 사람들은 발자취를 따라 꾸역꾸역 읽었습니다. 꾸준히 이어 가다 보니 어느 순간, 신문을 읽으며 새벽 시간을 채우고 있었습니다. 지금은 신문 읽기가 별다른 일이 아닌 일상이 되었습니다.

전 세계에서 일어나는 수많은 일들이 신문에 실립니다. 그 기사 하나하나가 누군가에게는 위험이고, 또 누군가에게는 기회가 됩니다. 저는 그 경계에서 여러 번의 시행착오를 겪으며 배우고 있습니다. 그중 하나가 바로 '아난티'였습니다. 그날은 역사적인 날이었습니다. 트럼프와 김정은이 판문점에서 악수를 나누던 사진이 실린 기사를 보고 정말 세상이 바뀌겠다고 생각했습니다. 신문에서는 연일 북한과 관계가 회복된다면 좋아질 기업으로 아난티를 소개했습니다. 지금 당장 사지 않으면 큰일 날 것만 같았습니다. 지난 며칠간의 주가 흐름도 좋았습니다. 마음을 정하니 그 기업이 마냥 좋아 보였습니다. 달리기 출발선에 선 선수가 된 것처럼 가슴이 두근두근했습니다. '주식장이 열리면 매수해야지' 하는 마음뿐이었습니다. 나 말고 다른 사람들도 아난티를 살 테니 서둘러야 한다는 마음에 조급해졌고, 9시가 되자마자 매수 버튼을 눌렀습니다. 그리고 결과는 늘 같았습니다. 제가 사니 주가는 떨어졌습니다. 아난티는 이미 기대감에 충분히 오른 종목이었는데, 저는 그 기대감의 끝자락을 기회의 문으로 착각했던 겁니다. 왜 내가 사면 떨어질까? 이 질문에 수없이 좌절했던 저에게, 시간이 조금씩 답을 가르쳐 주었습니다. 기사는 분명 사실을 전하지만, 기사를 쓴 기자의 해석이 함께 들어갑니다. 기자 역시 시장 분위기를 타는 사람이고, 그가 쓴 문장과 단어 하나하나에도 감정과 의도가 담길 수 있다는 것을, 저는 아주 늦게서야 알게 되었습니다.

매주 일요일 아침, '돈무적' 워크숍을 1년 6개월간 진행했습니다. 워크숍에서는 가계부를 토대로 일주일의 소비를 결산하고, 주요 경제 기사를 나누고 있습니다. 2023년 연초부터 신문 지면에 나오기 시작한 '에코프로비엠' 기업명을 어느 순간 '돈무적' 회원 여러 명이 언급하고 있었습니다. 연초 대비 300% 이상 올랐다는 기사가 또 다른 기사를 만들어 냈습니다. 신문, 뉴스, 유튜브까지 다양한 채널에서 그 회사 이름을 이야기했습니다. "코치님, 지금이라도 사야 할까요?"라고 물어보는 수강생들도 점점 늘었습니다. 기사를 볼 때만 해도 '지금은 좀 위험한데' 싶었지만, 많은 사람이 같은 질문을 하니 시장이 과열이라는 생각이 들었습니다. 모두가 다 아는 종목이었습니다. 그래서 주가의 상승 곡선은 가팔랐고, 그 오름세는 또 다른 호기심과 불안을 불러와 새로운 투자자들을 끌어들이는 순환 고리가 만들어졌습니다. 모두 같은 소리를 내는 순간을 경계해야 한다던 책 속 문장이 번뜩 떠올랐습니다. 누구나 아는 정보는 이미 시장에 충분히 반영되어 있으며, 모두가 주목하는 종목에는 들어갈 자리가 없다는 것. 먼저 투자하고 경험으로 깨달은 이들이 자신의 시행착오를 담아 전하던 그 문장이 그제야 머리가 아닌 가슴으로 이해되었습니다.

KRX 금 현물 투자법을 알게 된 뒤, 매주 월요일 1그램씩 금을 매수하고 있습니다. 처음 매수한 금 가격은 1그램에 7만 5천 원입니다. 월초에 30만 원을 금 현물 계좌에 입금하고, 마치 적금 붓듯이 매주 1그램씩 총 4주에 나눠 매수를 했습니다. 금 적금을 시작한 셈이지요. 작년부터 금값은 꾸준히 올랐습니다. 특히 트럼프가 미국 대통령으로 재임하면서 올해 초, 금 시세는 한층 더 치솟았습니다. 국제 금값이 연일 고공행진을 이어 갔고, 국내에선 '김치 프리미엄'까지 붙어 금값이 더욱 비싸졌습니다. 골드바 판매가 일시 중단됐다는 기사까지 쏟아지면서, 사람들의 관심은 더욱 금으로 몰렸습니다. 그동안 꾸준히 매주 1그램 금 매수 루틴을 지켜 왔습니다. 하지만 금 가격이 가파르게 오르면서 전략을 바꿔야겠다는 판단이 들었습니다. 지금은 일정 금액 이하일 때만 매수하고, 가격이 오르면 매수를 중단하는 방식으로 조정했습니다. 국제 금 시세가 온스당 3,300선인 지금은 금 매수를 잠시 중단했지만, 금 현물 계좌의 수익률은 50%를 넘었습니다. 기회는 조용히 옵니다. 아무도 관심을 두지 않을 때, 사람들이 그걸 왜 사라고 말할 때, 그때가 기회의 문이 열리는 순간입니다.

위험과 기회를 구분하는 데에는 무엇을 해야 할지보다 무엇을 하지 말아야 할지를 아는 게 더 중요합니다. 같은 신문을 봐도 누군가는 성공하고, 누군가는 실패합니다. 그 차이는 종이에 적힌 활자만 보는지, 글자와 행간 사이에 숨어 있는 흐름까지 읽어 내는지에 달려 있습니다. 초반에 계속 실패했던 건, 신문에 실린 기업 이야기를 마치 지금이 시작점으로 착각했기 때문입니다. 대부분 그런 뉴스는 주가가 한참 오른 뒤에야 기사가 되는 경우가 많습니다. 그걸 모르고 덜컥 따라붙으면, 항상 고점에 물렸던 것입니다.

지금은 신문 기사에 나온 종목이 아무리 좋아 보여도 그날 바로 매수하지 않습니다. 좋은 종목이라는 판단이 서더라도 예전의 저처럼 성급하게 진입하는 사람들이 있을 거라는 생각에 최소한 3일은 관망하고 나서 움직입니다. 뉴스 1면에 오르고, 유튜브 섬네일에 터지고, 이웃이 그 종목 이야기를 꺼내기 시작하면 그때는 이미 기회가 위험으로 바뀌고 있을 가능성이 큽니다. 우리나라 대기업 몇 곳이 2차 전지 사업에 진출한다는 기사를 접하고는 2021년부터 매주 2주씩 2차 전지 ETF를 모으기 시작했습니다. '에코프로비엠'이라는 기업명이 점점 많은 사람 입에 오르며 뜨거울 때, 130% 수익 구간에서 매도했습니다. '소문에 사서 뉴스에 팔라'는 오래된 증시 명언을 따랐습니다.

내가 그 가치를 스스로 설명할 수 있을 때 진짜 기회라는 걸 알게 되었습니다. 다른 사람에게도 말로 풀어낼 수 있을 만큼 내 것이 된 정보가 기회의 씨앗이 되었습니다. 반대로 제대로 이해하지 못한 채 누군가의 말만 듣고 들어간 투자는 베팅으로 끝나 버렸습니다. 투자하면서 단 한 번도 손실 없이 수익만 낼 수는 없습니다. 감당 가능한 손실은 다음 기회를 준비할 수 있었지만, 그 한계를 넘어선 손실은 늘 욕심에서 비롯된 위험이었습니다. 투자 전 얼마를 투자할지, 수익률은 어느 정도일지, 손실이 날 때 얼마나 견딜 수 있을지를 먼저 결정합니다. 주변 사람들이 모두 뛰어들고 있을 때, 나만 빠져 있는 것 같아서 불안함에 움직였던 날들은 대부분 판단이 흐려져 있던 순간이었습니다. 기회는 내 계획 안에 있을 때만 내 것이 될 수 있다는 것을 지금은 분명히 알고 있습니다. 불안하거나 조급한 감정으로는 제대로 된 기회를 마주할 수 없었습니다.

기회와 위험은 언제나 뒤섞여 다가왔습니다. 겉으로는 비슷해 보이지만 기회는 늘 조용히 찾아왔고, 위험은 모두가 들떠 있는 순간에 시작됐습니다. 신문 1면, 유튜브 섬네일, 이웃의 흥분된 말 속에 등장하는 종목은 이미 시장의 조명을 한껏 받고 있었습니다. 그래서 지금은 정보보다 제 투자 기준을 먼저 꺼내 봅니다. 이해할 수 있는 투자, 설명할 수 있는 종목, 감당할 수 있는 금액 안에서만 움직이고 있습니다. 기회는 타이밍이 아니라 기준에서 만나는 것이고, 위험은 정보가 아니라 감정에서 시작된다는 걸 저는 수많은 실패를 통해 배웠습니다.

실패는
실패가 아니야

유현주

공모주는 기업이 증권시장에 상장되기 전 기관과 일반 투자자들에게 주식을 공개적으로 판매하는 것입니다. 상장하기 위한 적합한 기업인지 증권사와 기관투자자들이 미리 분석한 자료만 믿고 투자했답니다. 여러 번의 공모주 경험으로 수익이 나자 자신감이 많이 생겼고, 이대로 하면 계속 큰 수익을 낼 수 있겠다 생각했습니다. 내 실력으로 이룬 것처럼 곧 자만심으로 바뀌었습니다. 카카오뱅크도 수익이 나자 추가로 더 샀는데, 결국 아픈 기억으로 남은 공모주였습니다. 원칙도 없었고, 기업도 제대로 잘 몰랐습니다.

기본적인 기업 분석조차 제대로 하지 않고 매수하기도 했고, 잘 아는 기업이니 돈을 잃을 리 없다고 생각했어요. 매스컴에 자주 등장하는 기업이니 투자만 하면 최소 2배는 벌 거라 생각했답니다. 돌이켜 보면 오산이었지요. 삼성전자를 사고 나서 한동안은 마구 오르더군요. 상승하는 주가를 보며 역시나 제 판단이 옳았다는 생각에 슬며시 남편에게 자랑하기도 했습니다. 이 세상에 영원히 오르기만 한 주식은 없었습니다. 연일 오르던 주가는 고개를 떨구기 시작했고, 하염없이 내려갔습니다. 투자한 근거가 명확하지 않다 보니 내리는 이유도 몰랐습니다. 너무 떨어지니 차마 주식 창을 열어 볼 엄두조차 나지 않았습니다.

우량주를 사서 10년 뒤에 열어 보면 부자가 되어 있다던 앙드레 코스톨라니 말이 떠올라 차라리 보지 말까 싶었답니다. 시간이 지나면 그래도 조금 오를 거라 믿었습니다. 무작정 기다리면 해결된다 생각했거든요. 제 생각이 틀렸다는 것을 알려 주기라도 하는지, 내려간 주가는 다시 오르지 않았습니다. 공부하지 않고 투자한 내 잘못이었습니다. 더 이상 기다리는 것은 바보짓이더군요. 두 눈 질끈 감고 결국 매도 버튼을 눌렀습니다. 마우스를 쥔 손이 벌벌 떨렸습니다. -18%. 공부하지 않고 투자한 대가는 혹독했습니다. 모을 때는 그렇게도 힘들던 것이 잃을 때는 한순간에 사라져 버렸습니다. 허탈했습니다. 다시금 주식이 무섭다는 생각이 제 머릿속을 가득 채웠습니다. 아무것도 할 수 없었습니다.

그동안 뭐 했나 싶었습니다. 나름 공부한다고 새벽잠 깨워 가며, 눈 비벼 가며 모니터를 쳐다봤던 그 시간은 다 어디로 갔단 말입니까. 그간 들였던 시간과 노력이 아까웠습니다. 이대로 끝내기엔 억울하더라고요. 앞으로 주식 투자를 하지 않는 한이 있더라도 도대체 무엇을 잘못해서 손해를 입었는지는 알아야겠단 오기가 생겼습니다. 씩씩거리면서 제가 했던 행동들을 돌아보기 시작했습니다. 공부할 때 그토록 경계해야 한다고 했던 그 '투기'를 제가 하고 있더라고요. 남들이 산다고 하면 나도 따라 샀고, 남들이 팔면 나도 팔았습니다. 주식 투자 해서 대박 난 사례를 보니, 또 마구 오르는 주가를 보니 공부하면서 절대 하지 말아야 한다고 배웠던 것을 순식간에 잊어버린 거였습니다. 하락하는 주가에 못 견뎌 팔아 버리고 나니 영락없이 다시 오르더군요. 이게 뭔가 싶었습니다. 마치 누군가가 나를 몰래 훔쳐보면서 조롱하는 것 같았고, 저는 싸움에서 진 패배자의 모습 그 자체였습니다. 허탈했습니다. 기업을 제대로 알지도 못하면서 다 안다고 착각한 제 잘못이었는데도 말이죠. 쳐다보기도 싫었습니다. 다시 공부해서 주식에 다시 손을 대더라도 자꾸 투기했던 제가 떠오를 것만 같았습니다. 이러다가 미쳐 버릴 것만 같았습니다. 제가 할 수 있는 것이라고는 다시는 주식 투자를 하지 않으리라 다짐하며 키움증권 앱과 HTS를 조용히 삭제하는 일뿐이었습니다. 한동안 주식 계좌를 머릿속에서 지우기로 했습니다.

주식 투자를 다시 시작하기까지는 시간이 걸렸습니다. 주식 투자만 멈췄을 뿐 가계부는 계속 써 왔거든요. 가계부 스터디원들과 매주 주간 결산을 함께하면서 돈에 관심을 계속 가지고 있다 보니, 내 돈을 지키는 길은 명확해 보였습니다. 자본주의 사회에서 투자 없이 내 돈을 지킬 수는 없는 노릇이었습니다. 돈을 안 쓰고 모으기만 해서는 오르는 물가를 방어하기는 어려웠기 때문입니다. 다시는 주식 투자를 하지 않으리라는 결심도 조금씩 흩어졌습니다. 투자에 대한 필요성을 느끼면 느낄수록 다시 제대로 해 보고 싶다는 생각도 커졌습니다. 패배자의 모습으로만 끝낼 수는 없었답니다. 마음이 계속 주식에 머물다 보니 다시 해 보자 생각했어요. 주먹을 불끈 쥐게 되더군요.

주식 관련 책부터 먼저 잡아 읽기 시작했습니다. 배운 것을 내 것으로 소화하지 못해 투자하면서 원칙을 잊었기에, 책을 읽고 하나라도 나에게 맞게 적용하려 했습니다. 대충 훑어보기만 하던 주식 차트도 이전보다는 조금 더 꼼꼼히 보려고 눈을 부릅떴습니다. 신문에서 테슬라를 보면 테슬라의 미래가 어찌 될 것인지 연결 지어 보려고 요리조리 궁리했습니다. 전 세계적으로 불닭볶음면이 인기라는 소식에 삼양식품 주가가 어떤 흐름으로 변화하는지 찾아봤습니다. 코로나19로 온라인 시장이 급격하게 발전하고, 빠른 속도로 배달과 키오스크 시스템이 자리 잡혀 가는 것을 보고 급성장하는 스타트업 회사를 찾아보기도 했습니다. 해당 기업 CEO는 어떤 마인드로 사업을 하는지 연결해서 살펴보았고, 재무제표가 눈에 익을 때까지 깨알 같은 숫자들을 연신 들여다봤습니다.

귀찮기도 하고, 포기하고 싶기도 했습니다. 무엇 때문에 이 고생을 하나 싶다가도 실패했던 지난 시간이 떠오르면 이를 악물고 다시 마우스를 잡았습니다. 가계부에 내가 투자하는 현황도 정기적으로 파악했고, 단기-중기-장기에 따른 종목들을 다시 구성하고 세금 혜택을 위한 계좌도 개설해서 수입의 일정 부분을 따로 모았습니다. 여유자금이 생기면 잽싸게 평소 눈독 들였던 종목을 모으기도 했습니다. 개별 종목과 더불어 지수에 투자하는 ETF도 매월 꾸준히 사 모으면서 주식 계좌를 채워 갔습니다. 내 손과 눈을 거치지 않은 것은 쳐다보지도 않았습니다. 그렇게 하나하나 다시 재정비하면서 뼈대를 바로 세워 갔습니다.

영영 주식에 투자하지 못할 것만 같던 패배자가 다시 기본으로 돌아가 하나씩 투자 원칙을 바로 세웠더니 텅 비다 못해 크게 손해까지 봤던 계좌를 수익으로 채웠습니다. 주가가 내려갈까 걱정되는 마음에 계좌를 들여다볼 용기조차 내지 못했던 저는 어느새 원칙에 따라 투자하면서 수익률 183%까지도 내 손으로 만들어 냈습니다. 투자자로 거듭나고 있습니다. 마구잡이로 투기에 버금가게 주식을 사고팔면서 어렵게 모은 돈을 크게 잃어 본 경험이 없었다면 결코 주식 투자로 성과를 내지 못했을 겁니다. 어찌 보면 비싼 수업료를 낸 셈이지요. 그때의 쓰라린 경험이 있었기에 기본과 원칙이 얼마나 중요한지 다시금 깨달았습니다. 실패의 아픔 덕분에 감정에 휩쓸리는 대신 매월 꾸준히 우량한 자산을 사서 모으게 되었습니다. 더불어 이제는 주식 투자에 대해 알려 주는 강사가 되어 예전의 저와 같은 초보 투자자들을 돕는 사람이 되었습니다.

실패를 실패로만 끝내지 않는다면 더 이상 실패가 아닙니다. 제가 주식 투자로 어느 정도의 성과를 낼 수 있었던 것은 저만의 비법이 있어서가 아니었습니다. 이전에 흔들렸던 투자 원칙을 다시 바로잡으려 애썼고, 기준을 두고 투자하려고 노력했기 때문이었습니다. 이는 그저 머리로만 배워서 안 것이 아니라 실패했던 지난 시간의 경험으로 체득한 거였습니다. 그 무엇보다 실패를 그저 실패로만 기억한 채 다시는 주식을 하지 않으려고 회피했던 마음을 다잡고 주식 투자를 다시 시작한 첫걸음이 가장 중요했습니다. 투자는 원금을 보장하지 않는다는 그 기본 명제를 이제는 압니다. 아무리 열심히 공부하고 준비한다 한들 잃을 수도 있겠지요. 중요한 것은 잃었다 하더라도 왜 잃게 되었는지 그 이유를 명확히 파악하는 것, 그리고 잃고 나서도 투자에서 손을 떼는 것이 아니라 잘못 판단했던 근거를 보완해 다시 투자하는 것입니다. 비싼 수업료를 낸 만큼 내 것으로 만들어 똑같은 실수를 하지 않으면 되는 거니까요. 흔들리지 않고 나름의 원칙에 따라 공부하고 투자한다면 노력의 결실은 분명 옵니다.

자산이 늘어날수록
경계해야 할 것들

박춘희

  돈이 많아지면 삶이 더 편안해지고, 행복도 자연스럽게 따라올 줄 알았습니다. 당장 쓸 돈 걱정 없이 외식할 때 메뉴판 가격을 눈으로 살피지 않아도 되고, 거리에서 마음에 드는 옷을 망설임 없이 살 수 있다면 그게 바로 여유라고 여겼습니다. 실제로 통장 잔액은 예전보다 넉넉해졌지만, 저는 여전히 흔들리고, 걱정하고 있습니다.

  '이만하면 되지 않을까?' 싶다가도 '내가 이 정도도 못 해?'라는 생각이 들면 마음이 무너지고, 다시 소비로 그 감정을 달랬습니다. 더 좋은 옷, 더 근사한 식당, 더 고급스러운 숙소가 눈에 들어왔고, 그렇게 높아진 소비 기준은 어느새 일상이 되어 버렸습니다.

  한번 올라간 씀씀이는 쉽게 낮아지지 않습니다. 자영업을 하시던 시부모님은 매일 현금이 들어오는 구조 속에서 오래 살아오셨습니다. 오늘 다 써도 내일 다시 벌면 된다는 사고방식에 익숙했고, 필요한 물건이 보이면 고민 없이 구입했습니다. 좋은 옷, 미용,

선물, 베풂 등 모든 소비가 당연하게 여겨졌습니다. '내가 이만큼 벌었으니 괜찮아' 이 말은 어머님의 소비를 정당화해 주는 말이었습니다. 세월이 흐르며 체력은 떨어지고, 아버님이 편찮아지시면서 장사를 그만두셨습니다. 장사를 접게 된 후 진짜 어려움은 줄어든 수입보다도, 몸에 밴 소비 습관이었습니다. 체면과 자존심, 주변의 시선이 절약을 망설이게 했고, 어머님은 그 무게를 오래도록 견뎌야 했습니다.

그 모습을 곁에서 지켜보며 관성이 얼마나 강력한 힘을 가졌는지를 실감했습니다. 현재의 소비가 나중에 나를 무겁게 짓누르지 않도록 지금부터 조심하자고 다짐합니다. 통장 잔액보다 나중의 안정된 생활을 더 자주 떠올립니다. 자산이 늘수록 중요한 건 얼마를 쓰느냐가 아니라 어디까지 써도 괜찮은가를 아는 감각이라는 걸 깨닫고 있습니다. 소비는 반복되면 습관이 되고, 그 습관은 곧 기준이 되며, 기준은 결국 삶의 방식이 됩니다.

돈을 버는 건 기술이지만, 지키는 건 철저한 태도의 문제였습니다. 저의 재테크 시작은 아주 꼼꼼한 계획에서 비롯된 것이 아니었습니다. 이렇게 되었으면 좋겠다는 느슨한 바람이 먼저였고, 다른 사람들도 하니까 나도 해 봐야겠다는 마음이 컸습니다. 그들이 낸 성과를 나도 낼 수 있을 거라는 근거 없는 자신감이 저를 움직였고, 부동산 투자도, 주식 투자도 그렇게 시작했습니다. 그러다 어느 순간 수익이라는 단어에 늘 따라붙는 세금의 존재를 실감하게 되었습니다. 집을 사면 취득세가 있었고, 집을 가지고 있는 동안은 재산세와 종합부동산세가, 팔 때는 양도세가 기다리고 있었습니다.

한 번은 이사하면서 천만 원이나 더 많은 취득세를 낸 적이 있습니다. 기존 집을 팔고 새집을 샀으니 주택 수는 그대로라 생각했고, 당연히 취득세율 1.1%가 적용될 줄 알았습니다. 법무사 사무실에서 보내 준 서류에도 그렇게 계산되어 있었으니까요. 하지만 주택 수와 조정대상지역 여부에 따라 취득세율이 달라진다는 걸 그때는 제대로 챙기지 못했습니다. 담당 공무원의 전화를 받고 설명을 들었지만, 그 순간 머릿속은 하얗게 되었고, 억울함과 당혹감이 뒤섞여 아무 말도 나오지 않았습니다. 시간이 지나면서 조금씩 받아들였습니다. 결국 제가 몰랐고, 알려고 하지 않았던 것이었습니다. 거래 전에 세무사에게 한 번만이라도 직접 물어봤더라면 피할 수 있었던 일이었습니다. 당시 저는 중개소 소장님에게 물었고, 법무사의 계산에 의존했지만, 책임은 제 몫이었습니다.

그 일을 겪고 나니 자산이 커질수록 정말 필요한 건 올바른 정보라는 걸 뼈저리게 느끼게 되었습니다. 세금은 피할 수 있는 게 아니었습니다. 억지로 피해 보려 애쓰는 대신, 어떻게 하면 합법적으로 줄일 수 있는지를 먼저 알아야 했습니다. 돈이 많아질수록 모른다는 건 큰 리스크가 되었습니다. 알지 못하면 지킬 수 없고, 무지하면 좋은 기회마저 놓치게 됩니다. 아는 만큼 준비할 수 있고, 준비한 만큼 지킬 수 있었습니다.

늘 남 일 같던 건강보험료가 이제는 제 일이 되었습니다. 남편 직장 보험의 피부양자로 등록되어 있었던 덕분에 그동안 건강보험료에 대해 깊이 생각해 본 적이 없었습니다. 투자 수익이 발생하면서 이 문제가 현실로 다가왔습니다. 직장가입자와 달리 지역가입자는 단순히 소득뿐 아니라 보유 자산까지 보험료 산정 기준이 됩니다. 건강보험은 소득 기준에서 1원이라도 넘어 버리면 지역가입자가 되었습니다. 지역가입자의 건강보험료는 큰 부담이었습니다. 이 과정을 겪으며 다시 한번 실감하게 되었습니다. 내 자산을 지키려면 정책과 세금에 대해 제대로 알고 있어야 한다는 것을요.

사람 사이의 관계도 달라졌습니다. 가까웠던 사이에도 셈이 들어가기 시작했고, 진심으로 걱정해 주는 사람과 나를 이용하려는 사람을 구분하기 어려운 순간도 많았습니다. '한 번은 도와줄 수 있잖아' 친한 친구의 부탁에 외면하지 못하고 내민 손에는 큰 상처가 생겼습니다. 나에게는 절대 일어날 것 같지 않던 일이었습니다. 그제야 돈 잃고 사람 잃는다는 말을 실감했습니다. 그 후로는 도움을 줄 때도 기준을 정해 두고 처신합니다. 지인 간에 돈거래를 하지 않기로 정했고, 혹시 빌려준다면 돌려받지 않을 각오로, 줄 수 있는 범위 안에서만 기꺼이 내어놓습니다.

또 하나, 자산이 늘면서 이 돈을 어떻게 굴릴지에 대한 고민도 함께 커졌습니다. 그 과정에서 욕심이 자라고, 잘 알지 못하는 분야에 눈을 돌리기도 했습니다. 한참 무인점포가 생길 때 관심을 두고 알아보았습니다. 그때 '이 정도는 잃어도 괜찮아. 경험이잖아.'라는 생각으로 준비했습니다. 후에 진입 장벽이 낮은 사업이라 판단해서 투자로 연결하지 못했습니다. 투자의 범위는 넓어졌지만, 돈을 잃는 것보다 더 무서운 건 판단력을 잃고 돈의 무게를 가볍게 여기는 마음이었습니다. 지금은 내가 잘 아는 것, 꾸준히 해 온 것, 나를 지켜 온 방식 안에서 조금씩 확장하려고 합니다. 시류를 좇기보다는 내가 만든 시나리오 안에서 한 걸음씩 나아가고 싶습니다.

돈을 어떻게 잘 쓸지도 중요해졌습니다. 결국 돈은 나와 내 가족이 행복하게 살기 위해 모으는 것이지 그 자체가 목적이 될 수 없으니까요. 그래서 매일 신문을 읽고, 가계부를 쓰고, 오늘의 환율과 경제지표를 기록합니다. 이 작은 루틴들이 흔들릴 때마다 제 중심을 잡아 주고 있습니다. '이제 그만해야 하나' 싶은 날도 있지만, 그럴 때면 제게 묻습니다. 지금 정말 멈출 건가 하고요. 아닙니다. 돈은 저를 지켜 주지 않습니다. 내가 나를 지켜야 돈도 함께 지켜집니다. 정보와 태도, 기준과 습관, 이 네 가지가 자산을 지키는 가장 강력한 방패라는 것을 매일 기록과 실천 속에서 배워 가고 있습니다. 자산을 지키는 핵심은 숫자가 아니었습니다. 자산이 늘어날수록 더 단단해져야 할 것은 나 자신. 그중에서도 태도였습니다.

한 번의 성과보다 지속적 습관이 자산을 키운다

유현주

　한때 '티끌 모아 티끌이다'라는 말이 유행한 적이 있었습니다. 푼돈 아껴봤자 큰돈 만들기 어렵다는 뜻이지요. 아끼는 저를 보면서 좀 쓰고 살라는 말을 하는 지인들도 있었습니다. 안 먹고 안 입는 것도 아닌데 말이죠. 써야 할 때는 쓰고, 굶지 않았으며, 사람 노릇도 하였습니다. 주변 사람들은 종잣돈을 모은다고 하면 무조건 안 써야 한다는 착각을 하더라고요. 물론 원하는 만큼 펑펑 쓰지 않았고, 그 과정이 쉽지는 않았지만, 저에게는 충분히 의미가 있는 시간이었습니다. 흔히 말하는 티끌들로 내 집 마련도 했기에 사람들이 하는 말은 신경 쓰지 않았습니다. 나의 티끌은 이미 태산이 되었던 거죠.

　내 집 마련이라는 목표를 이루고 난 뒤에 긴장이 풀어져 다시 예전처럼 무분별하게 소비하는 저를 보았기에 마음을 다잡으려 애썼습니다. 아무리 잡으려고 해도 잡히지 않던 마음은 결국 습관이 잡아 주었습니다. 그 습관을 유지하기 위해 블로그에 가계부를 기록했습니다. 블로그 기록은 내가 하는 작은 행위에 실행이라는 큰 의미를 주었기에 꾸준히 할 수 있는 계기가 되었답니다. 남들에게 자랑하는 마음보다 기록을 통해 피드백 하고, 한 단계씩 나아가려는 생각이 더 컸답니다. 가계부를 꾸준히 적는 습관을 만들었으니 이를 계기로 내 돈을 잘 불릴 수 있는 시스템이 필요해 찾아갔습니다. 함께 공부하고 실행하는 시스템이었죠. 매일 가계부를 적고 신문을 읽고 스터디를 하면서 눈에 띄게 성장하지는 않아도 서서히 스며들듯이 공부했습니다. 신문 기사를 발췌해서 멤버들과 발표도 하고, 절세 방법을 공유하고, 절약하는 방법도 공유하며 함께 실천했습니다.

빚을 권하는 사회에 살고 있습니다. 신용카드 사용이 한 예입니다. 한때 TV에서 신용카드 광고도 많이 했고, 실적을 채우면 할인해 주는 이벤트로 소비를 권하기도 합니다. 카드는 쓰고 나면 한 달 뒤에 청구되어서 물건을 사도 통장에 있는 돈은 줄어들지 않습니다. 신용카드 결제일에 금액이 출금되어도, 내역을 꼼꼼히 살펴보지 않으면 지출 패턴도 파악하기 어렵습니다. 월급날이 되어도 고정 비용 지출 후에 신용카드 대금이 나가면 남는 돈이 많지 않아서 다시 카드를 사용하게 되더라고요. 악순환인 거죠. 신용카드는 소비를 부추기고, 가계부를 기록할 때도 시간과 에너지가 많이 쓰였습니다. 연말정산도 매년 신용카드 혜택이 줄어들고, 체크카드 비중이 높아지고 있습니다. 신용카드를 없애면서 불필요한 지출이 많이 줄었습니다. 물건과 식재료를 사고 체크카드로 결제하면 통장 잔액까지 알려 주니 자연스럽게 남은 생활비를 알 수 있어 도움이 되었습니다.

생활비가 들어오는 월급날에도 기분에 취해 과하게 쓰지 않고, 매일 일정 금액으로 지출하면서 한 달 내내 쪼들리지 않고 잘 꾸려 나가는 습관이 잡혔습니다. 냉장고에 식재료는 꽉꽉 채우지 않고 60% 정도만 채워 사용하고, 냉장고가 거의 비워졌을 때 다시 장을 보니 버리는 식재료도 점차 줄었습니다. 외식하고 싶은 날에도 웬만하면 집밥을 해 먹으며 가족들 건강도 챙겼습니다. 자연스럽게 식비가 정비되어 남은 생활비 중 일부는 예비비로 적립하고, 나머지 금액은 주식 투자를 하였습니다. 이 돈은 생활 습관을 긍정적으로 바꾸면서 생긴 것이라서, 목적이 있는 돈이 아니었습니다. 장기 투자 할 수 있는 시간이 많은 돈이었기에 노후 준비 자금에 넣을 수 있었습니다.

물가가 하루가 다르게 오르니 점심 식사 비용도 꽤 큰 부담이었습니다. 칼국수 한 그릇도 1만 원 하는 시대라 일주일이면 5만 원 가까이 지출하게 되더라고요. 한 달 생활비 55만 원으로 사는 가계부에 큰 비중을 차지하게 되어 점심은 도시락을 싸서 다니기 시작했습니다. 아침에 먹던 반찬을 싸기도 하고, 배달로 시켜 먹고 남은 치킨을 챙겨 가서 먹기도 했습니다. 주말엔 밥과 반찬을 나눠서 일주일 점심을 미리 준비하기도 합니다. 주말에 미리 준비하니 출근 준비하는 시간이 훨씬 수월해졌고, 아낀 돈으로 미국 주식을 매일 분할 매수하였습니다. 점심 식사 후 매일 마시던 커피값도 보탰습니다. 주가가 오르면 살까 말까 하는 고민도 길어졌습니다. 그 시간조차 아까워서 자동 매수 시스템을 이용했습니다. 미국 주식은 원하는 금액만큼 소수점으로 살 수 있어서 소액으로 투자하기에도 안성맞춤이었습니다.

집밥 먹고 영양제까지 먹으면서 체력도 좋아졌습니다. 조금만 피곤해도 외식이나 배달 음식 유혹을 이기지 못했는데, 덕분에 외식비가 많이 줄어들었습니다. 이렇게 소소하게 아낀 돈으로 금도 사 모았습니다. 생활 습관을 잡으면서 모인 돈을 자산으로 옮긴 겁니다. 소수점이던 주식이 온전한 1주가 되고 시간이 쌓이면서 200%라는 수익을 안겨 주었습니다. 아낀 돈으로 외식하고 물건을 샀다면 잠깐 즐거웠겠지요. 일상에서 흩어져 있던 작은 돈을 모으니 의미 있는 큰 숫자가 되어 돌아왔습니다.

옷 사는 돈도 주식이 되었습니다. 원래 옷을 좋아해서 많이 샀습니다. 옷장에는 안 입는 옷들이 가득했습니다. 입지 않는 옷들을 버리려고 꺼냈는데, 낡아진 옷들이 있었지만 멀쩡한 옷도 많았습니다. 편하고 좋아하는 옷들 위주로 입어서 그랬던 것이죠. 잘 입지 않는 셔츠는 버리고 자주 입는 옷들로 채우니 한동안 옷을 사지 않아도 될 정도로 가짓수가 많았습니다.

　속옷을 제외하고 1년 동안 옷을 사지 않고 지내 보기로 했답니다. 할 수 있을까 의문이 들었지만 새로 산 겨울 외투 없이도 사계절을 보낼 수 있었습니다. 추위를 잘 타서 겨울에는 두꺼운 외투를 주로 입는데, 얇은 옷을 겹쳐 입으니 보온 효과도 뛰어나서 겨울 외투 비용도 들지 않았답니다. 아낀 의류 비용으로 주식을 사 모았습니다.

　대박을 바라고 부러워한 적이 있습니다. 테슬라 1,300%, 에코프로비엠 900%. 누구나 들으면 헉 소리가 나는 큰 성과입니다. 하지만 쓰라린 경험을 해 봤기에 압니다. 그 한 번의 성과가 저희 집 자산을 키워 주는 것이 아니라는 것을요. 큰 수익에 취해 지금껏 해왔던 공부 패턴을 다 놓치고, 절약도 그만하고, 더 이상 노력하지 않는다면 성과가 계속 이어질 수 없는 노릇이지요. 저 역시 생각 이상으로 큰 수익을 내 보기도 했지만, 그 결과가 지금의 자산을 만들었다고 할 수 없습니다. 그 이전에도, 그 이후에도 꾸준히 가계부를 썼고, 책을 읽고, 신문을 보고, 끊임없이 기업 분석을 하면서 공부한 습관을 지속하였기에 저만의 탄탄한 성을 쌓아 갈 수 있었답니다. 3년 동안 3배의 자산을 늘렸지만 지금도 가계부를 꾸준히 쓰고 돈 공부를 손 놓지 않는 이유랍니다. 결국 저희 집 자산을 키워 준 것은 9년 동안 꾸준히 가계부를 쓰고 지속해 온 나만의 습관이었습니다.

제4장

여러 갈래로
돈이 들어오게 하는 법

왜 여러 갈래로 돈이 들어와야 하는가

원효정

"오늘 하루 문 닫고 쉬자구요!"

42도의 고열로 얼굴이 빨갛게 달아오른 남편을 향해 쏘아붙이듯 말했습니다. 한사코 가게 문을 열겠다며 옷을 주섬주섬 주워입는 남편을 바라보는데 울화통이 터졌어요. 가게 하루쯤 문 닫는다고 무슨 큰일이 나겠느냐마는 남편은, 한번 발길을 되돌린 손님은 다시 찾아 주지 않는다며 발걸음을 옮겨 가게로 향했습니다. 다섯 식구의 생계가 걸린 가게의 문을 가장인 남편은 쉽사리 닫지 못했습니다. 이날의 기억은 아직도 제게 쓰라린 상처로 남았습니다. 한곳에서만 돈이 들어오는 수입은 그 한곳이 흔들릴 때 모든 것이 무너진다는 것을 알게 되었지요.

돌이켜 보면 저희 부모님도 하나의 수입에 의존해 왔습니다. 어머니가 잠시 몇 년간 하숙을 하셨으나 대부분은 아버지께서 택시 운전을 하며 가족을 부양하셨거든요. 노동력을 직접 투입해야만 돈이 들어오는 구조였습니다. 아버지께서 사고가 나 며칠만 쉬어도 저희 집의 수입은 완전히 사라졌습니다. 하숙집을 운영하시던 시기, 어머니는 방학만 되면 신경불안 증세가 생겨 분기에 한번은 한양대학병원에 입원하기도 하셨습니다. 불안정한 수입 구조 때문이었습니다. 저도 다를 바가 없었습니다. 남편과 함께 중국집을 운영했지만 이 또한 우리의 시간과 노동력을 직접 투입해야 돈이 벌리는 구조였거든요. 가게 문을 열어야만 돈이 들어왔고, 문을 닫으면 수입은 전혀 없었습니다. 남편과 나 둘 중 한 명이라도 아프거나 문제가 생기면 가게 문을 닫아야 한다는 두려움은 불안으로 이어졌지요. 다른 수입원이 없었기에 그날 벌어야 할 돈이 내일의 생계와 직결되었던 겁니다.

하나의 소득원에만 의존하는 삶은 생각보다 위험합니다. 질병, 사고, 외부 환경 변화 등 예상치 못한 상황이 언제든 한 가정의 유일한 수입 줄을 끊어 버릴 수 있기 때문입니다. 저희 가게는 외부 상황에 의해 매출에 타격을 입는 업종은 아니기는 했습니다. 만약 치킨집을 운영했다면 조류독감 이슈가 터질 때마다 매출이 크게 줄어들었을 테지요. 저희가 운영하는 중국집은 그런 이슈에 휘말리는 업종은 아니었기 때문에 안정적으로 매출이 나오긴 했습니다. 허나, 누구도 피해 갈 수 없었던 코로나19 때는 저희 가게도 오프라인 손님이 절반으로 줄어 매출에 큰 타격을 입었습니다. 마침 돈 공부를 하면서 신용카드를 없애고 난 뒤라 카드값을 막아야 하는 부담이 줄었고, 비상금을 마련해 두었기에 겨우 버틸 수 있었습니다. 그마저도 없었다면 어찌 되었을까, 지금도 아찔하기만 합니다.

사업의 확장에도 한계가 있었습니다. 자영업자의 특성상 하루에 만들어 팔 수 있는 자장면 개수가 제한되어 있죠. 하루 24시간을 갈아 넣는다 해도 매출을 늘리기 어렵습니다. 수입을 늘리는 데는 천장이 분명하게 존재했던 것이죠. 더 많은 수입을 만들기 위해서는 더 많은 시간을 투자해야 했고, 이는 결국 우리 부부의 건강과 가족과의 시간을 희생해야 가능한 일이더라고요. 한 줄기 수입에만 의존하는 삶은 그래서 불안정하기만 한 겁니다.

그 이후 저는 여러 갈래로 소득이 들어올 수 있게 해야 한다는 생각이 강해졌습니다. 안전망을 만들 수 있기 때문입니다. 하나의 수입원에 문제가 생겨도 다른 수입원이 있다면 당장의 생계 위협은 피할 수 있으니까요. 그때 가게 수입 외에도 월세나 배당금 같은 다른 소득이 있었다면 가게 문을 닫고 쉬자고 조금은 더 강력하게 남편을 말렸을 겁니다. 더 나아가 성장의 한계선을 뛰어넘을 수 있습니다. 여러 갈래로 수입이 발생한다면 단순히 '1+1=2'가 아닌 서로 다른 성장 곡선을 가진 수입원들이 모여 더 큰 시너지를 낼 수 있기 때문입니다. 직접 노동으로 버는 수입에는 한계가 있지만, 투자 수익이나 지식 콘텐츠 사업은 시간이 지날수록 더 큰 수익을 가져올 수 있습니다. 선택의 자유도 생깁니다. 여러 갈래의 수입이 있으면 하나의 일자리나 사업에만 의지하지 않아도 되니까요. 더 나은 기회를 위해 과감히 도전하거나, 건강이나 가족을 위해 잠시 쉬어 갈 수 있는 여유를 줍니다. 예상치 못한 위기가 찾아왔을 때 다양한 수입원을 갖고 있으면 상대적으로 더 유연하게 대처할 수 있습니다. 최근 남편이 일하다 사고를 당해 손을 크게 다쳐 봉합 수술을 받는 일이 생겼는데요. 남편이 2박 3일 입원 치료를 받고 이후 재활하기까지도 이제는 가게 문을 닫고 쉬어도, 큰 비용을 들여 대체 인력을 구한다 하더라도 저희 집 생계에 큰 지장을 주지 않아 감사했습니다. 다양한 수입원은 이처럼 위기에 대응할 수 있는 힘도 줍니다.

소득원을 다양하게 가져가야 한다는 생각에 새로운 도전을 많이 했습니다. 중국집을 계속 운영하면서 시간에 구애받지 않고도 추가 수입원을 만들기 위해 여러 방법을 모색한 거죠. 첫 번째로는 투자 수익을 만들었습니다. 일하지 않고도 내 돈과 맞벌이할 수 있는 가장 직관적인 소득이었죠. 시세차익을 위해 시작했던 투자는 배당금으로 확장이 되었고, 가게에서 나오는 매출 외에 추가적으로 소득원을 만들어 낼 수 있었습니다. 두 번째로는 온라인으로 지식 콘텐츠를 통한 사업을 시작한 거죠. 강의나 콘텐츠를 판매하면서 또 다른 소득을 만들어 냈습니다. 내가 겪은 경험과 쌓아 둔 지식은 누군가의 시작을 도울 수 있고, 타인에게 성과로 만들어 낼 수 있다면 가치가 있다는 것을 경험했습니다. 세 번째로 도전한 것은 타인의 사업을 도와주는 일이었습니다. SNS를 운영해 온 경험을 살려 타인의 온라인 마케팅을 돕는 것만으로도 또 다른 소득이 발생한다는 것도 알게 되었습니다. 누군가를 돕는 일에 대가와 보수를 받아 서비스한다면 시간을 갈아 넣는 것 외에 자유롭게 시간을 사용하면서 소득을 만들어 낼 수 있다는 것을 알아차린 덕분이었죠.

여러 갈래로 돈이 들어오는 구조를 만든 후 저희 가족의 삶은 크게 달라졌습니다. 물론 일을 더 적게 한다거나 하지 않으면서 돈을 쓰는 삶을 사는 것은 아닙니다. 이전과 마찬가지로 열심히 일하며 하루하루를 보내고 있어요. 다만 시간을 갈아 넣고 노동력을 투입해야만 발생하는 하나의 소득에만 의존하지는 않게 된 거죠. 남편이 다쳤을 때도 치료에만 전념하도록 가게 문을 닫을 수 있었던 이유도 바로 이 때문이었습니다. 예전 저희 가족으로서는 꿈도 꿀 수 없는 자유가 주어진 거였죠. 다른 수입원들이 가게 문을 잠시 닫는 그 시간을 버틸 수 있는 안전망이 되어 주었기 때문입니다.

다양한 일을 하고 있는 저를 본 누군가는 돈독이 올라서 돈 버는 데에 혈안이 되어 있다 말하기도 합니다. 여러 갈래로 돈이 들어오는 구조를 만드는 것은 단순히 더 많은 돈을 벌기 위한 것만은 아닙니다. 나와 가족의 삶을 더 안정적이고 자유롭게 만들기 위함이었지요. 42도의 고열에도 불구하고 가게 셔터 문을 올려야 했던 남편의 뒷모습을 아직도 기억합니다. 돈이 한곳에서만 들어오는 삶이 얼마나 위험한지, 그리고 그것이 우리 가족의 건강과 행복을 어떻게 위협할 수 있는지를 뼈저리게 느꼈지요. 여러 갈래의 소득을 만들어 내는 것은 단순히 부의 축적을 넘어 삶의 질과 가족의 행복을 지키는 방패가 됩니다. 아플 때 쉴 수 있는 여유, 아이들과 더 많은 시간을 보낼 수 있는 자유, 그리고 예상치 못한 위기에도 무너지지 않는 안정감. 여러 갈래 수입이 가져다주는 진정한 가치는 바로 여기에서 비롯된 것임을 이제는 조금 알 것 같습니다.

본업 말고 부업

원효정

"돈이 들어오는 통로가 하나뿐이면 그게 막혔을 때 끝이에요."

중국집을 운영하던 시절, 저는 이 진실을 뼈저리게 깨달았습니다. 남편이 아파도 가게 문을 닫을 수도 없었던 절박한 상황에서 저는 다른 수입원의 필요성을 느꼈어요. 2019년, 그 위기감은 저를 온라인 세계로 이끌었습니다. 하루 11시간 중국집에서 일하면서 재테크와 자산 관리에 관한 블로그를 시작했습니다. 처음에는 불가능해 보였지만, 매일 새벽, 아이들이 일어나기 전에 세 시간씩 컴퓨터 앞에 앉아 제 경험과 지식을 글로 정리했습니다. 시작은 미미했지만, 꾸준함의 힘은 놀라웠습니다. 6개월 후 블로그 방문자는 수백 명으로 늘었고, 저를 기억하고 제 블로그를 찾아 주는 사람들이 늘어났습니다. 1년 후에는 제가 써 온 글을 바탕으로 한 온라인 프로젝트를 시작할 수 있었지요. 시간이 지나면서 온라인 강의와 멘토링을 통해 남편과 운영하던 중국집 수입을 넘어서는 수준에 이르렀고, 재테크 및 자기 계발 강사로서의 새로운 정체성까지 얻게 되었습니다. 그날의 위기가 오늘의 기회로 변한 것입니다. 본업 외에 부업의 힘은 단순한 추가 수입을 넘어, 제게 경제적 안전망과 새로운 정체성을 선물해 줬죠.

　과거 우리 부모님 세대에게 '일'이란 평생을 바치는 하나의 직업을 의미했습니다. 아버지는 택시 운전사로, 어머니는 하숙집 아주머니로 살면서 한번에 하나의 일만 하며 평생을 바치셨습니다. 당시에는 '투 잡'이라는 개념조차 생소했고, 여러 일을 동시에 하는 것은 오히려 본업에 충실하지 못한 증거로 여겨지기도 했거든요. 지금은 상황이 달라졌습니다. 평생직장의 개념이 사라지고, 고용 불안정성이 커지면서 하나의 일만으로는 미래를 대비하기 어려워졌습니다. 디지털 기술의 발달로 언제 어디서나 일할 수 있는 환경이 조성되었고, '일과 삶의 균형'과 '다양한 경험'을 중시하는 가치관이 퍼지면서 부업은 이제 선택이 아닌 필수가 되었습니다. 중국집을 운영하던 시절, 남편이 42도의 고열에도 가게 문을 열었던 기억은 저희 가족에게 '하나의 수입원'만으로는 위험하다는 교훈을 주었습니다. 그 이후 저는 중국집 외에도 다른 수입원을 만들기 위해 온라인 세계로 눈을 돌린 거예요.

　저에게 부업은 단순히 '추가 수입'이라는 의미를 넘어 더 큰 가치로 다가왔습니다. 급변하는 환경에서 한 분야의 경력만으로는 미래를 대비하기 어렵거든요. 인공지능, 자동화로 많은 직업이 사라지거나 변형되고 있는 상황에서 부업은 새로운 기술과 경험을 쌓을 수 있는 기회였습니다. 저는 본업과는 결이 다른 온라인 지식 콘텐츠 사업을 시작했습니다. 저의 관심사인 재테크와 자기 계발에 관한 내용이었습니다. 처음에는 블로그에 제 경험과 공부한 내용을 정리하는 수준이었지만, 점차 독자가 늘면서 유료 강의와 콘텐츠 판매로 확장했습니다. 온라인 활동을 하기 위해서 본업과는 다른 능력과 지식이 필요했습니다. 디지털 마케팅, 콘텐츠 제작, 온라인 커뮤니티 관리 같은 새로운 기술을 배우게 되었고, 이는 제 경력에 새로운 영역을 더했습니다. 본업이 생계를 위한 것이라면, 부업은 저의 관심사나 열정을 위한 것이었습니다. 온라인 콘텐츠 제작은 제게 부수입을 넘어, 지식을 나누고 사람들에게 도움을 줄 수 있는 활동이 되었습니다.

부업의 형태와 트렌드는 빠르게 변화하고 있습니다. 스마트폰과 노트북만 있으면 언제 어디서나 일할 수 있는 환경이 조성되면서, 지역에 구애받지 않는 원격 부업도 늘고 있습니다. 코로나19 이후 재택근무가 보편화되면서 이러한 트렌드는 더욱 가속화되었습니다. 중국집을 운영하면서도 저는 매일 새벽 세 시간씩 온라인 활동에 시간을 투자했습니다. 하루 11시간 동안 가게에만 있지 않아도, 온라인 콘텐츠는 시간과 장소에 구애받지 않고 작업할 수 있다는 장점이 있었습니다. 한번 만들어 놓은 콘텐츠가 계속해서 수익을 가져오는 '자동화된 수입'의 매력에 빠져들었습니다. 글 하나를 쓰는 데 몇 시간이 걸리더라도, 그 글이 몇 년 동안 저라는 사람을 브랜딩하고 또 다른 수익을 가져온다는 것이 신기했습니다. 작은 규모로 시작해 점진적으로 성장시킬 수 있는 '마이크로 비즈니스'가 부업의 주요 형태로 자리 잡고 있으며, 콘텐츠 구독, 멤버십, 후원 등 '팬'들이 직접 지원하는 수익 모델도 활성화되고 있습니다. 제 블로그도 처음에는 무료 정보만 제공했지만, 나중에는 더 깊이 있는 내용을 담은 유료 강의 및 멤버십 서비스를 시작했습니다. 월 2만 원의 구독료로 독점 콘텐츠와 어디에서도 하지 않은 내용을 제공했는데, 예상보다 많은 회원들이 신청했습니다. 이는 대량 판매보다 소수의 고객에 집중하는 새로운 비즈니스 모델의 가능성을 보여 주었습니다.

부업을 시작하기 위해 특별한 기술이나 자본이 필요한 것은 아닙니다. 중요한 것은 자신의 상황과 관심사에 맞는 부업을 찾고, 작게 시작해서 점진적으로 키워 나가는 것입니다. 중국집 운영으로 바쁜 시간을 쪼개 온라인 활동을 시작할 때, 처음에는 하루 30분에서 1시간 정도만 투자했습니다. 하지만 꾸준함이 결국 큰 차이를 만들었습니다. 1년 후에는 월 50만 원, 2년 후에는 월 200만 원, 3년 이상의 시간이 지나고 나서는 월 1,000만 원 이상의 수입을 올릴 수 있었습니다. 부업이 본업만큼, 때로는 그 이상의 수입을 가져오는 경험은 제 삶에 대한 관점을 완전히 바꿔 놓은 셈이죠.

부업을 시작할 때는 본업과의 균형을 고려하는 것이 중요합니다. 과도한 부업은 건강을 해치고, 결국 본업에도 부정적 영향을 미칩니다. 남편의 조언도 있고 해서 저는 중국집 운영에 지장을 주지 않는 선에서 온라인 활동 시간을 분리했습니다. 또한 처음부터 큰 투자나 변화를 시도하기보다는 작게 시작해서 반응을 살펴보며 점진적으로 확장했습니다. 블로그를 시작할 때도 홈페이지형 등의 디자인에 신경 쓰기보다 무료 플랫폼에서 콘텐츠의 품질에 집중했습니다. 반응이 좋아지자 점차 웹사이트와 마케팅에 투자를 했지요. 덕분에 위험을 최소화하면서 사업을 키울 수 있었습니다.

부업이 선택이 아닌 필수가 되어 가는 이 시대를 살아가려면 목적을 명확히 하고 균형을 유지하는 것이 중요합니다. 부업을 시작하기 전에 왜 부업을 하려는지 솔직히 답해 보세요. 추가 수입인지, 새로운 경력 개발인지, 취미의 확장인지에 따라 접근 방식이 달라져야 합니다. 저에게 온라인 부업의 첫 목적은 경제적 안전망 구축이었습니다. 중국집 수입만으로는 불안했기 때문입니다. 시간이 지나면서 지식 공유와 새로운 가능성 발견이라는 목적도 생겼습니다. 목적이 명확하니 우선순위를 정하고 시간이나 에너지 등의 자원을 배분하기가 쉬워졌습니다. 부업이 건강, 가족 관계, 본업 등 삶의 다른 영역을 희생시키지 않도록 균형을 유지하는 것도 중요합니다. 저도 욕심을 내어 무리하게 부업을 확장하려다 가족 모두 지친 적이 있었습니다. 그 경험 후에는 '가족의 건강과 행복'을 최우선으로 두고, 감당할 수 있는 범위 내에서만 사업을 해 나가는 원칙을 세웠습니다. 부업 환경과 트렌드는 빠르게 변화하기에 계속 배워야 했습니다. 온라인 콘텐츠를 시작했을 때는 블로그가 주요 플랫폼이었지만, 점차 유튜브, 인스타그램, 스레드 등 다양한 SNS로 확장했기 때문입니다. 배움을 멈추는 순간 뒤처질 수 있다는 것을 늘 기억하며 나아갑니다.

본업 외에 부업을 갖는 것은 더 이상 특별하지 않습니다. 저에게는 선택이 아닌 생존 전략이었습니다. 넓은 부업의 세계에서 자신의 상황, 능력, 관심사에 맞는 일을 찾는 것이 중요하기에 다양한 경험을 하려고 했습니다. 그저 추가 수입 조금 더 만드는 것이 아닙니다. 예상치 못한 위기 앞에서도 흔들리지 않을 수 있는 안전망을 이뤄 내고 싶었지요. 여러 갈래로 돈이 들어오게 하는 것은 현명한 선택이었습니다. 본업에만 의지한 채 살아가기에는 우리 주변에 기회가 많습니다. 무리하지 말고 자신의 상황에 맞는 부업을 찾아 작게 시작해도 충분합니다. 그렇게 작게 시작한 저의 첫걸음 역시 경제적 여유와 삶의 새로운 가능성으로 이어졌기 때문입니다.

잠자는 돈으로
돈 벌기

원효정

통장에 돈이 그냥 쌓여 있는 건 마치 보관료만 내고 있는 것과 같습니다. 흔히 돈이 녹는다는 표현을 쓰기도 하지요. 물가 상승률을 고려하면 은행에 돈을 그냥 넣어 둔다는 것은 매년 돈의 가치가 줄어들고 있다고 봐도 무방합니다. 중국집을 운영하며 모았던 종잣돈 3천만 원 중 500만 원을 처음으로 미국 주식 투자에 사용하기로 결심했을 때는 마냥 두렵기만 했습니다. 잘못 투자했다가 모든 걸 잃기라도 하면 어쩌나 하는 공포가 컸죠. 하나 가만히 있어도 돈이 녹는다는 것은 저에게 더 큰 공포로 다가왔습니다. 인플레이션으로 돈의 가치가 줄어들까 봐 걱정했죠. 아니, 돈을 모아도 소용없을까 봐 무서웠습니다.

투자의 첫 시작은 P2P 대출이었습니다. 돈을 빌리는 것이 아니라 빌려주는 쪽이었는데, 은행보다 높은 금리인 연 8~12%를 제공한다는 점이 매력적이었습니다. P2P 대출은 특정 플랫폼을 통해 자금이 필요한 사람과 투자자를 연결해 주는 서비스였습니다. 처음에는 월 25만 원씩 소액으로 시작했습니다. 높은 수익률에 비해 위험도 높다는 것을 알았기에 몇 가지 안전장치를 마련했죠. 먼저, 전체 투자 자산의 10%를 넘지 않게 했습니다. 또, 한 건에 최대 50만 원까지만 투자했을 뿐더러 담보가 있는 대출 상품만 선택했습니다. 이런 원칙 덕분에 연체나 손실 없이 연평균 10%의 수익률을 달성할 수 있었습니다. 매월 들어오는 이자는 적었지만 돈이 일하게 하는 첫 경험이 되었죠.

P2P 투자에서 약간의 자신감을 얻은 후, ETF(상장지수펀드)에 투자하기 시작했습니다. ETF는 특정 지수를 추종하는 펀드를 주식 시장에 상장시켜 주식처럼 1주씩 살 수 있는 투자 상품이에요. 여러 종목들을 담았기 때문에 하나의 ETF에 투자하는 것만으로도 다양한 기업에 분산 투자 하는 효과를 얻을 수 있었습니다. 한 바구니에 모든 달걀을 담지 말라는 투자의 기본 원칙을 쉽게 실천할 수 있는 방법이었죠. 처음부터 미국 S&P 500 ETF를 매월 모았고, 나중에는 반도체 ETF였던 SOXX를 샀습니다. ETF 투자는 개별 주식을 고르는 부담 없이 시장 평균 수익률을 얻을 수 있다는 점이 매력적이었습니다. 특히 시장 평균 수익률을 꾸준히 따라가는 것만으로도 대부분의 투자자보다 나은 성과를 낼 수 있다고 말한 워런 버핏의 조언이 닿았습니다. 매달 투자금의 일정 부분을 자동 이체하여 ETF에 투자했고, 5%의 수익률을 달성하면 매도하면서 수익 실현을 하는 경험을 했어요.

ETF를 통해 투자의 성과를 맛본 저는 더 높은 수익을 기대하며 성장주 투자에 눈을 돌렸습니다. 성장 가능성이 높은 개별 기업의 주식에 직접 투자하기 시작한 것입니다. 구글과 마이크로소프트, 애플 같은 시총 상위 종목에 관심을 가졌고, 기업의 재무제표와 사업 모델을 분석하는 법을 배웠습니다. 이 시기에 몇 번의 성공적인 투자도 있었지만, 실패하기도 했습니다. 코로나19가 터지고, 워런 버핏이 델타항공을 매수했다는 소식을 접하고 따라 샀다가 코로나19가 심해지면서 워런 버핏이 팔고 나서 손절하기도 했고요. 코로나19로 기업의 실적이 바닥을 쳤던 카니발(CCL)을 샀다가 주가가 7달러까지 내려가는 것을 견디지 못하고 매도하기도 했어요. 이런 경험들은 제게 중요한 교훈을 주었습니다. 개별 종목은 높은 수익 가능성만큼이나 위험도 크다는 것, 그리고 모든 투자금을 한 종류의 자산에만 투자하는 것은 현명하지 않다는 점을 뼈저리게 느꼈습니다.

이런 시행착오 끝에 배당주에 더 많은 비중을 두는 투자 전략을 세웠습니다. 배당주는 주가 상승만을 노리는 것이 아니라, 기업이 정기적으로 주주에게 나눠 주는 이익인 배당금을 받음으로써 또 다른 현금 흐름을 만들 수 있었기 때문입니다. 미국 주식 중에는 기업들을 잘 고르면 매월 배당금을 받을 수 있도록 전략을 세울 수 있다는 사실이 신기했습니다. 알트리아나 엑슨 모빌 등의 기업들은 배당수익률도 꽤 높고, 꾸준히 배당금을 인상해 올 만큼 탄탄한 재무 구조를 갖춘 회사라는 것도 알게 되었습니다. 덕분에 안정적인 현금 흐름을 만들 수 있었습니다. 아무것도 하지 않고도 돈이 들어오는 놀라운 경험의 연속이었죠. 배당주를 선택할 때는 세 가지 기준을 중요하게 생각했습니다. 최소 10년 이상 꾸준히 배당금을 지급한 기업, 배당 성향이 안정적이어서 30~60% 사이를 기록하는 기업, 그리고 성장 가능성이 있는 기업을 선호했죠.

같은 시기에 리츠에도 투자했습니다. 부동산은 대표적으로 일하는 돈에 속하지만, 아파트 한 채를 사려면 수천만 원에서 수억 원이라는 투자금이 들어가는 만큼 높은 진입 장벽이 문제였습니다. 리츠는 여러 투자자의 돈을 모아 오피스 빌딩, 물류센터, 쇼핑몰 같은 수익성 있는 부동산에 투자하고, 그 임대수익을 투자자에게 배당하는 금융 상품으로, 소액으로도 부동산 투자 효과를 볼 수 있었습니다. 저는 월 50만 원씩 VNQ 등의 리츠에 투자했습니다. 아파트 투자를 하고 있었기에 오피스, 물류센터, 데이터센터 등 상용화 부동산에 투자하는 리츠를 선택했습니다. 평균 5~7%의 배당수익률을 얻었고, 리츠에 투자하는 것만으로도 연 100만 원 이상의 일하는 돈이 만들어졌습니다. 직접 부동산에 투자할 때보다 적은 금액으로 시작할 수 있고, 필요한 경우 바로 현금화할 수 있다는 점이 리츠의 매력이었습니다.

다양한 투자 경험을 통해 저는 세 가지 중요한 원칙을 깨달았습니다. 첫째, 분산 투자는 선택이 아닌 필수입니다. 아무리 확신이 있는 투자처라도 모든 돈을 한곳에 투자하는 것은 위험하거든요. 저는 주식, 채권, 부동산, 현금 등 자산군별로, 또 그 안에서도 다양한 상품에 분산 투자 하는 전략을 취했습니다. 지금도 강조하는 것이 바로 이 포트폴리오 배분이에요. 둘째, 투자는 마라톤입니다. 단기간에 큰 수익을 내려는 욕심은 오히려 큰 손실로 이어질 수 있습니다. 저는 최소 5년 이상의 시간을 두고 투자하는 접근법을 선호합니다. 복리의 효과는 시간이 지날수록 커지기 때문입니다. 셋째, 투자는 자신을 아는 것에서 시작합니다. 자신의 위험 감수 성향, 투자 목적, 투자 가능 기간을 정확히 알고 그에 맞는 투자 방식을 선택해야 합니다. 생계형 자영업자로 살아오면서 불확실성을 많이 경험했기에 보수적으로 투자하는 경향이 있습니다. 결국 배당주, 리츠같이 현금 흐름을 만들어 내는 투자로 정착했습니다.

막연히 큰돈이 있어야 시작할 수 있다고 생각했습니다. 꼭 그렇지만은 않더군요. 자동 이체를 통해 본업에서 만들어 낸 소득의 일부를 투자용 계좌로 매월 보냈습니다. 처음에는 월 10만 원이었지만, 점차 금액을 늘려 나갔죠. 7년간 이 방식을 고수한 결과, 일하는 돈이 모여 연간 1,000만 원 이상의 배당금과 이자수익을 저에게 가져다주었습니다. 적은 금액으로 시작해도 꾸준히 하다 보니 놀라운 결과를 만들어 낼 수 있었던 거죠. 그저 은행에만 두었다면 잠만 자는 돈이었을 테지요. 돈을 잠재우지 않고 일하게 만드는 것이 부자가 되는 지름길이었습니다. 근로소득으로 평생 일하면서 모으는 돈에는 한계가 있습니다. 시간과 노동을 들여 바꾼 돈이 다시 돈을 벌어 오는 선순환 구조를 만들어 나간다면 경제적으로 여유로운 삶에 한 발짝 더 가까워질 수 있습니다. 시작한다는 것이 가장 중요합니다. 적은 금액이라도 당장 시작했기에 결과를 만들어 냈기 때문입니다. 돈이 자신을 위해 일하게 만드는 첫걸음은 바로 시작하는 것입니다.

지식 콘텐츠로
돈 벌기

원효정

중국집을 운영하면서 틈틈이 가계부를 쓰고 돈을 모아 온 경험을 블로그에 처음 올리던 날, 과연 이게 도움이 되는지 의심스러웠습니다. 그날 방문자 수는 고작 3명. 남몰래 추가해 둔 이웃도 15명에 불과하였기에 댓글도 물론 없었습니다. 만약 그때 멈췄다면 큰일 날 뻔했을 겁니다. 그 작은 시작은 지금의 제 삶을 완전히 바꿔 놓았기 때문입니다. 디지털 기술의 발전으로 지식과 경험을 공유하는 방식이 달라졌습니다. 과거에는 책을 출판하거나 강연자로 활동하려면 경력이나 인맥이 필요했습니다. 지금은 누구나 온라인 공간에서 자신만의 콘텐츠를 만들고 수익화할 수 있습니다. 덕분에 하루 11시간 장사하던 중국집 아줌마로 살아가던 저는 어느새 재테크 전문가가 되었습니다. 물론 하루아침에 일어난 일은 아니었지만.

처음 블로그에 글을 쓰기 시작했을 때는 저와 같은 사람이 있다면 도와주고 싶다는 생각이 전부였습니다. 가계부 쓰는 것조차 어려웠던 저였기에, 누군가는 그런 어려움을 겪지 않기를 바라며 경험하고 배운 내용을 정리하는 수준이었습니다. 홍보 없이 시작했지만, 진정성 있는 콘텐츠라 느꼈는지 조금씩 알려졌습니다. 3개월 후에는 하루 방문자가 100명을 넘었고, 저의 팬이라고 수줍게 인사해 주는 사람들이 생겨났어요. 진짜 변화는 단순히 정보만 제공하는 글이 아닌, 예전의 저와 같은 이들이 겪을 법한 문제를 해결하는 방식으로 콘텐츠의 방향을 잡았을 때 일어났습니다. 많은 사람들이 복잡한 예산을 세워 놓고 지키지 못해 포기하고 자책한다는 것을 알고는, 예산 먼저 세우지 말고 일단 소비 내역을 기록하는 것부터 하라는 식의 문제 해결에 집중했습니다. 그 결과, 독자들이 적극적으로 반응하기 시작했고, 댓글로 자신의 상황을 공유하며 조언을 구하는 사람들이 늘어났습니다.

블로그의 영향력이 커지면서 새로운 수익 모델을 시도할 수 있었습니다. 가장 먼저 시작한 것은 강의였습니다. 글로 쓸 때와 정해진 시간 내에 말로 핵심을 전달하는 것은 방법이나 형식 모두 달랐습니다. 미처 글로 쓰지 못했던 내용들을 강의를 통해 전달한다는 사실에 매력을 느껴 2020년 5월 강사로 데뷔한 이후 쭉 강의를 하며 살아오게 되었습니다. 점차 더 깊이 있는 콘텐츠에 대한 수요가 느껴졌고, 출간한 책을 계기로 오프라인 강의까지 확장했습니다. 개인 저서를 시작으로 전자책도 출간했는데, 이틀 만에 300만 원이라는 수익을 만들어 줄 정도로 온라인 지식 콘텐츠의 영역은 거대했습니다. 전자책의 성공으로 자신감이 생겼습니다. 이후 자사 온라인 플랫폼을 론칭 하고 〈재테크 올인원 돈무적 워크숍〉이라는 12주 과정의 온라인 강의를 만들었습니다. VOD와 실시간 라이브 강연, 그리고 과제를 합친 형식으로 차별성을 꾀했습니다. 초반에는 이 정도까지 확장할 수 있을 거라 생각지도 못했습니다. 돈무적 워크숍 시작 당시에는 첫 회원들에게 무료로 제공했기 때문입니다. 이후 유료로 전환해 점차 확장되면서 회원 수가 늘어 지금의 모습으로 발전했던 겁니다. 온라인 강의가 안정적인 수입원이 되면서 멤버십 프로그램과 1:1 멘토링 서비스도 시작할 수 있었습니다.

처음 시작할 당시 온라인 콘텐츠 수입은 사실 수입이라고 할 것까지도 없을 만큼 적었습니다. 월 5만 원에 불과했고, 제 사비가 더 많이 들어갔거든요. 그럼에도 누군가를 돕는다는 사실 자체가 의미 있었기에 마구 신나서 콘텐츠를 운영해 왔습니다. 그러했던 온라인 콘텐츠 수입이 4년 차에는 월 1,000만 원을 넘어섰고, 지금은 법인 2개와 개인사업자 2개를 가진 대표도 되었습니다.

지식 콘텐츠로 수익을 창출하는 과정에서 몇 가지 중요한 교훈을 얻었습니다. 첫째, 자신만의 틈새시장을 찾는 것이 중요하다는 겁니다. 처음에는 일반적인 재테크 정보를 다루었지만, 점차 가계부로 종잣돈을 모으고 미국 주식과 부동산 투자로 불린다는 특화

된 영역으로 콘텐츠를 발전시켰습니다. 단순히 아끼기만 했던 절약이 아닌 투자로 불리기까지 한 저만의 경험은 독자들에게 깊은 인상을 남겼습니다.

둘째, 꾸준함의 힘을 무시할 수 없습니다. 3년 넘게 거의 매일 글을 올렸고, 공백 없이 지속적으로 콘텐츠를 제공했습니다. 이 꾸준함이 독자들의 신뢰를 얻는 데 큰 역할을 했습니다. 온라인 공간에는 수많은 작심삼일 블로그들이 존재합니다. 처음에는 의욕적으로 시작했다가 곧 업데이트가 뜸해지고, 결국 방치되는 거죠. 꾸준함은 그 자체로 차별점이 되어 줍니다.

셋째, 무료 콘텐츠와 유료 콘텐츠의 균형이 중요합니다. 처음부터 모든 것을 유료화하려는 욕심은 오히려 성장을 저해할 수 있습니다. 저는 가치 있는 기본 정보는 무료로, 더 깊이 있는 문제 해결 방법은 유료로 제공하는 원칙을 세웠습니다. 이런 방식은 더 많은 사람들에게 제 콘텐츠를 알릴 기회를 제공하면서도, 문제를 해결하고자 하는 사람들에게는 더 깊이 있는 가치를 제공할 수 있었습니다. 수익에 집착하기보다 실제로 도움이 되는 콘텐츠를 제공하면 수익은 자연스럽게 따라오는 법입니다.

마지막으로, 끊임없이 학습하고 발전하는 자세가 필요합니다. 재테크와 투자 분야는 항상 변화하기 때문에 저도 계속해서 공부하고 최신 정보에 귀를 기울여야 했습니다. 전문 서적을 읽고, 세미나에 참석하고, 다양한 전문가들과 네트워크를 형성했습니다. 이런 노력이 콘텐츠의 품질과 깊이를 높일 수 있었습니다.

지식 콘텐츠 사업은 진입 장벽이 낮다는 장점이 있습니다. 특별한 장비나 비용 없이도 시작할 수 있습니다. 하지만 그만큼 경쟁도 치열합니다. 따라서 차별화된 콘텐츠와 일관된 가치를 제공하는 것이 중요하지요. 저는 '실제 경험에 기반한 현실적인 조언'이라는 콘셉트를 일관되게 유지했습니다. 화려한 성공 사례만 보여 주는 많은 재테크 채널과 달리, 저는 실패 경험과 시행착오도 솔직하게 공유했습니다. 이런 진정성이 독자들의 마음을 움직였고, 단순한 구독자가 아닌 팬을 만들어 냈습니다.

지식 콘텐츠 사업을 시작할 때는 먼저 자신이 진정으로 관심 있고 경험이 있는 분야를 선택하는 것이 중요합니다. 단순히 돈이 될 것 같다는 이유로 시작한다면 오래 지속하기가 어렵기 때문입니다. 저는 재테크에 관심이 있었고, 실제로 투자하고 경험한 내용을 공유했기 때문에 콘텐츠에 생명력이 있었습니다. 또한 온라인 콘텐츠는 단순한 부업을 넘어 새로운 직업과 정체성이 될 수 있습니다. 저는 이제 중국집 아줌마보다 재테크 전문가로 더 많이 불리고 있습니다. 이런 변화는 수입이 더 많아졌다는 것을 넘어 새로운 삶의 가능성마저 열어 주었습니다.

지식 콘텐츠로 돈을 번다는 것이 그저 또 다른 수입원이 생긴 것만은 아니었습니다. 제 지식과 경험을 통해 다른 사람들에게 가치를 제공하고, 그 과정에서 저 자체도 많이 성장할 수 있었기 때문입니다. 블로그에 글을 쓰기 시작했던 그날, 고작 3명이 읽었던 제 글이 지금은 수십만 명에게 도움을 주고 있다는 사실이 저에게는 더 많아진 수입 이상의 보람을 줍니다.

누구나 자신만의 지식과 경험이 있습니다. 그것이 아무리 사소해 보여도, 누군가에게는 소중한 가치가 될 수 있습니다. 오늘 바로 첫 글을 쓰는 그 작은 시작이 누군가의 삶을 어떻게 바꿔 놓을지 아무도 모릅니다. 저처럼 중국집에서 강의실로, 그리고 온라인 플랫폼의 영향력 있는 목소리로 변모할 수도 있겠지요. 중요한 것은 완벽하지 않아도 된다는 것입니다. 저 또한 어설프게 시작했음에도 지금 이 자리에 서 있을 수 있는 것처럼요. 오직 우리에게 필요한 것은 지금 바로 시작하는 일 아니겠습니까.

소규모 창업으로 돈 벌기

원효정

　세상에 쉬운 창업은 없습니다. 다만 규모가 작을수록 위험은 줄어들지요. 현재 저는 2개의 법인과 2개의 개인사업자를 운영하고 있습니다. 그중 하나는 작게 시작했던 마케팅 대행사입니다. 온라인에서 재테크 콘텐츠를 운영하면서 자연스럽게 SNS 마케팅과 콘텐츠 제작 노하우가 쌓였습니다. 마케팅 대행사는 이를 활용해 새로운 수익을 만들 수 있겠다는 생각에 시작된 사업이었습니다. 처음에는 단순한 부업 정도로 생각했습니다. 지인의 작은 치과 블로그 계정을 무료로 관리해 주기 시작했는데, 제가 올린 게시물이 지역 맘 카페에서 화제가 되었습니다. 덕분에 환자가 많이 늘었습니다. 그 소문이 퍼지자 주변 원장님들이 저에게 연락을 주었고, 그때 이것도 사업이 될 수 있겠다는 생각이 들었습니다.
　2023년 8월, 저는 정식으로 마케팅 대행사를 세우고 사업자 등록을 했습니다. 초기 자본금은 고작 100만 원. 노트북 한 대와 명함이 전부였던 작은 시작이었습니다. 온라인 강의 플랫폼을 계속 운영하면서 틈틈이 시간을 내어 마케팅 대행 업무를 진행했습니다. 첫 고객은 월 30만 원의 수수료를 받고 SNS 계정 관리와 콘텐츠 제작을 담당했습니다. 시작한 지 3개월 만에 첫 고객의 매출이 30% 이상 증가하는 가시적인 성과가 나타났고, 이 사례가 입소문을 타면서 소개로 문의가 이어졌습니다.

창업 6개월 차에 1년 단위의 계약을 달성하면서 4,400만 원의 매출을 한번에 올렸습니다. 1년 차에는 고객이 7곳까지 늘기도 하면서 월 700만 원의 안정적인 수익이 생겼습니다. 사업가 출신 마케터가 대행하는 온라인 마케팅이라는 틈새시장을 공략한 것이 성공 요인이었습니다. 대형 마케팅 대행사들은 월 수백만 원을 받고 서비스를 제공하기 때문에 작은 규모의 업장을 운영하는 자영업자들은 엄두도 못 냈는데, 제가 월 40~100만 원의 합리적인 가격으로 실질적인 도움을 주니 반응이 좋았습니다. 성과가 나오면서 글 하나에 30만 원까지 받기도 하고, 매출도 덩달아 올라가게 되었습니다.

처음에는 혼자 모든 업무를 처리했지만, 고객이 늘어나자 관리가 어려워졌습니다. 본업과 병행하는 데에도 한계가 있었죠. 수소문한 끝에 원고 작가와 전문 사진작가를 파트타임으로 고용했습니다. 콘텐츠 작성과 사진 촬영을 위임했고 저는 전략 기획과 고객 관리에 집중했습니다. 직원을 고용하자 월 지출이 증가했지만, 오히려 서비스 품질이 향상되고 조금 더 효율적으로 관리를 할 수 있게 되었습니다.

물론 어려움도 있었습니다. 창업 초기에는 제가 모든 일을 처리해야 했기 때문에 체력적으로 힘들었습니다. 장사하면서 온라인 강의 플랫폼 사업에 마케팅 일까지 하다 보니 하루 4시간 이상 자지 못했습니다. 초창기에는 가격 책정에도 어려움을 겪었습니다. 너무 낮게 책정하자 업무량에 비해 수익이 적었고, 너무 높게 책정하면 고객을 잃을까 두려웠습니다. 여러 시행착오 끝에 기본 패키지와 옵션 형태로 가격 체계를 세분화했고, 이것이 고객들의 만족도를 높였습니다.

소규모 창업에서 가장 중요한 것은 작게 시작해야 한다는 사실입니다. 처음부터 완벽한 사업 모델을 구축하려고 하면 부담만 커지고 시작조차 어려워집니다. 저는 무료로 한곳을 도와주면서 시작했고, 그 성공 사례를 바탕으로 첫 유료 고객을 얻었습니다. 소개도 많이 들어오고 있고요. 사업 규모가 커진 지금도 새로운 서비스를 출시할 때는 항상 소규모로 테스트한 후 반응이 좋으면 확장하는 방식을 고수합니다.

마케팅 대행사 외에도 저는 작은 온라인 쇼핑몰을 운영해 본 경험도 했습니다. 위탁이나 사입을 통해 조금씩 경험치를 쌓았고, 중국집을 운영하면서 알게 된 식자재 유통 채널을 활용해 유통 사업을 시작했지요. 온라인 쇼핑몰 구축은 전문 지식이 필요했지만, 자기 계발을 통해 인연을 맺게 된 지인 중 웹 개발자가 있어 합리적인 가격에 도움을 받을 수 있었습니다.

유통 사업은 적절한 소규모 창업 중 하나였지만 시작하고 나서 자리 잡기가 어려웠습니다. 우후죽순 난립하던 시기라 경쟁이 치열했기 때문입니다. 검색어를 잘 알고 있어야 소비자의 선택을 받을 확률도 높일 수 있고요. 위탁 사업으로 시작했지만 가격 결정권조차 제게 주어지지 않는 것을 보며 본격적인 유통 사업에 대해 하나씩 터득해 갔습니다. 온라인 SNS 계정을 운영해 온 경험을 토대로 조금씩 유통 사업도 키워 갔습니다. 처음 3개월은 월 매출 50만 원에 불과했지만, 입소문이 나기 시작하면서 6개월 차에는 월 200만 원, 1년 차에는 월 500만 원까지 성장했습니다.

소규모 창업의 또 다른 장점은 적은 고정 비용으로 인한 안정성입니다. 마케팅 대행사와 유통 사업 모두 공유 오피스와 비상주 사무실을 통해 시작했고, 노트북 하나만 있으면 되는 사업이기에 집 안에 사무 공간을 별도로 두어 일하기도 했습니다. 다양한 스마트워크 툴을 활용해 혼자서 처리할 수 있는 일의 폭을 넓힘으로써 인건비를 최소화했습니다. 이런 접근법 덕분에 매출이 적은 초기에도 수익성을 유지할 수 있었고, 사업 실패 시 입을 법한 손실도 최소화할 수 있었습니다.

소규모 창업에서 흔히 범하는 실수는 무리한 확장입니다. 매출이 조금 늘었다고 바로 큰 사무실을 얻거나 직원을 대거 채용하면 고정비가 급증해 위험해집니다. 저는 다양한 생산성 도구를 활용해 고정비를 방어하면서 사업을 키워 나갈 수 있었습니다. 실제로 마케팅 대행사를 시작하고 몇 달간 신규 고객 유치가 안 되는 시기가 있었는데, 고정비가 낮았기 때문에 그 기간을 무사히 버틸 수 있었습니다.

지금까지의 경험을 통해 터득한 성공적인 소규모 창업의 다섯 가지 원칙은 다음과 같습니다.

첫째, 본업의 경험과 네트워크를 활용하세요. 저는 직접 장사를 해 본 경험과 블로그 운영 노하우, 그리고 온라인 쇼핑몰을 시작하면서 쌓은 이력을 살려 마케팅 대행사를 시작했습니다. 이미 경험했고 성과를 낸 분야에서 창업하면 학습 곡선이 짧고 초기 고객 확보도 용이합니다.

둘째, 최소 비용으로 시작하세요. 사무실, 직원, 고가 장비 등의 초기 투자를 최소화하고 꼭 필요한 것만 갖추는 것이 중요합니다. 저는 두 사업 모두 300만 원 이하로 시작했고, 수익이 발생한 후에 점진적으로 투자를 늘렸습니다.

셋째, 틈새시장을 공략하세요. 대기업과 정면으로 경쟁하는 것은 전적으로 불리합니다. 여러 소규모 사업체들과 경쟁하는 시장은 피 터지는 전쟁터였죠. 저는 인기 있는 사업은 지양하고 사람들이 주목하지 않는다거나 진입 장벽이 높아 시작하기 어려울 법한 틈새를 공략했습니다.

넷째, 실행과 피드백의 반복이 중요합니다. 완벽한 계획보다는 빠른 실행, 고객 피드백을 통한 사업 디벨롭, 각 단계별 데이터화, 피드백 반영 후 개선 등의 과정을 시스템화하고 반복하는 것이 효과적입니다. 저는 작은 규모로 테스트하고, 반응을 보면서 조금씩 확장하는 방식을 선호합니다.

다섯째, 유연성을 유지하세요. 시장 상황이나 고객 요구는 수시로 변합니다. 이에 빠르게 대응할 수 있는 유연한 운영 체계가 필요합니다. 변화에 신속하게 적용할 수 있다는 것은 소규모 창업의 강점입니다. 소규모 창업은 큰돈을 들이지 않아도 새로운 수입원을 만들고 사업을 확장할 수 있는 좋은 방법입니다. 본업을 유지하면서도 관심 분야에서 작게 시작해 볼 수 있다는 장점이 있지요. 작은 규모로 큰 고정 비용을 들이지 않았기에 중국집을 운영하면서도 마케팅 대행사와 온라인 쇼핑몰을 성공시킬 수 있었습니다.

지금 당장 무언가를 시작하기 어렵다면, 먼저 주변을 둘러보세요. 자신이 갖고 있는 직업이나 취미에서 파생될 수 있는 사업 아이디어는 반드시 존재하니까요. 자신만이 가진 특별한 경험이나 지식은 무엇인지 스스로에게 답해 보는 것도 좋습니다. 중요한 지점은 역시나 시작입니다. 완벽한 준비를 기다리다 보면 기회는 지나가 버리기 때문이에요. 작게 시작해서 실패하더라도 그 경험은 다음 도전의 밑거름이 됩니다. 소규모 창업으로 이룬 성과가 제게 준 가장 큰 선물은 자신감입니다. 자신이 할 수 있는 사람이라는 깨달음은 삶의 다른 영역에도 긍정적인 영향을 미칩니다. 두려움을 이기고 첫발을 내딛는 것부터가 시작입니다. 그 시작은 몇 년 후 인생을 바꾸는 큰 변화로 다가올 테니까요.

유지하느냐, 무너지느냐

원효정

돈을 모으는 것보다 어려운 것은 그 자산을 유지하고 키워 나가는 일입니다. 저는 열심히 돈을 모았다가 하나의 실수, 하나의 유혹으로 모든 것을 잃는 사람들의 모습을 보아 왔습니다. 10년간 모은 씨앗머니가 잘못된 투자 하나로 사라진 사람도 있습니다. 또는 꾸준히 불려 온 자산이 시장의 폭락으로 순식간에 증발한 사례도 만났습니다. 특히 2020년 코로나19 이후 늘어난 유동성으로 투자 시장이 활황일 때 소위 대박을 꿈꾸며 투자를 시작한 사람들이 많았습니다. 그 후 미국에서 금리를 급격히 올리며 상황이 어려워지자 대부분 손절매하고 투자를 포기했지요. 미국 주식과 부동산에 투자하면서 인연을 맺었던 투자자들이 그렇게 사라졌습니다. 저 역시 역전세로 힘들기도 했고, 주식시장이 바닥을 치면서 자산의 앞자리가 여러 번 바뀌었습니다. 그래도 버틸 수 있었습니다. 이유는 애초에 투자를 시작할 때부터 지키는 것에 집중했기 때문입니다.

첫째, 포트폴리오를 통해 분산 투자한다는 원칙을 철저히 지켰습니다. 투자에서 중요한 원칙 중 하나는 모든 달걀을 한 바구니에 담지 않는 것입니다. 미국 주식, 부동산, ETF, 채권, 금, 달러 등 다양한 자산으로 비중을 나눠 분산 투자했습니다. 각 자산군마다 움직이는 사이클이 달랐습니다. 따라서 한 분야가 하락세일 때 다른 분야에서 수익을 내는 것이 가능했습니다. 2022년 미국 주식 시장이 어려울 때 국내 부동산 투자에서 꽤나 큰 수익을 거두며 포트폴리오 전체의 균형을 맞출 수 있었던 것처럼 말이지요.

미국 주식에 투자할 때는 장기적인 관점을 유지했습니다. 단기 변동성에 흔들리지 않고 실적과 성장성이 좋은 기업들에 투자했습니다. 테슬라, 애플, 엔비디아 같은 대형 기술주부터 ETF와 배당주까지 다양한 섹터에 투자했습니다. 이런 분산 투자가 시장 변동성에도 불구하고 안정적인 수익을 가져다주었습니다. 특히 미국 주식은 달러화 자산이기 때문에 원화 가치가 하락할 때 환차익까지 더해져 위험 분산 효과가 컸습니다.

부동산 투자에서는 시세차익을 노리는 투자 전략을 사용했습니다. 하락한 곳 중에서 앞으로 시간이 지나면 가치가 오를 수 있는 좋은 입지나 개발 호재가 있는 곳을 선별해 매수했습니다. 법인으로 투자한 덕분에 적절한 타이밍에 매도해 수익을 실현할 수 있었습니다. 최대 300%의 수익률까지 경험해 본 저였기에 사실 주식보다는 부동산 투자에 더 관심을 가졌습니다. 부동산 투자는 큰 자본이 필요하지만 전세가가 받쳐 주는 만큼 전세가 아래로 매매가가 떨어질 위험이 낮습니다. 임차인의 보증금과 레버리지를 통해 투자금을 줄이면서 더 높은 수익을 낼 수 있다는 장점도 있었습니다.

둘째, 포트폴리오 안에서 리밸런싱 전략을 실행했습니다. 시장 상황에 따라 특정 자산의 비중이 너무 커지거나 작아지면 원래 계획했던 비율로 조정하는 것입니다. 예를 들어 미국 주식 시장이 급등하여 포트폴리오 내 비중이 목표치보다 10% 이상 높아지면 일부를 매도해 현금 보유를 늘리거나 다른 자산의 매수 비중을 높였습니다. 반대로 부동산 시장이 침체기에 들어갔을 때는 미리 준비해 둔 현금으로 좋은 매물을 저렴하게 구입했습니다. 2020년 코로나19로 주식 시장이 급락했을 때 많은 투자자들이 공포에 질려 팔아 버렸지만, 저는 오히려 현금 비중을 줄이고 미국 주식 비중을 늘렸습니다. 이렇게 시장 사이클에 역행하는 리밸런싱은 때로는 손실을 기록하기도 했지만 장기적으로는 더 높은 수익을 안겨 주었습니다.

셋째, 감정적 투자 결정을 되도록 피하려고 노력했습니다. 강의나 코칭 때 강조하는 두 단어가 바로 기준과 원칙입니다. 이것들이 제게는 감정적인 투자 결정을 최대한 피할 수 있게 도와준 존재였습니다. 투자에서 위험한 것은 객관적 판단이 아닌 감정에 따라 결정을 내리는 것이기 때문입니다. 매월 포트폴리오를 점검하고, 각 투자의 근거가 여전히 유효한지 객관적으로 평가했습니다. 근거가 무너진 투자는 감정을 배제하고 과감히 정리했습니다. 2021년 말 부동산 규제가 강화되고 시장 전망이 불투명해졌을 때, 무리하게 보유하지 않고 일부 물건을 매각해 수익을 확정한 뒤 실거주 집을 평수 넓혀 옮겨 탄 것도 그러한 이유 때문이었습니다.

또 한 가지 중요한 것은 멘탈 관리입니다. 자산을 불리는 과정에서 많은 사람들이 번아웃을 경험합니다. 주식 시장의 등락에 일희일비하거나, 부동산 가격 변동에 지나치게 신경 쓰다 보면 정신적 피로감이 쌓이거든요. 실제로 많은 개인 투자자들이 장기 투자를 계획했다가도 단기 변동성에 지쳐 중도에 포기합니다. 그렇게 되지 않기 위해 우선, 매일 주가나 부동산 시세를 확인하지 않았습니다. 월 1회 결산할 때만 포트폴리오를 점검했던 것이지요. 나머지 시간은 투자보다 배움과 일상에 집중했습니다. 또한 투자 금액과 생활 자금을 명확히 구분했습니다. 당장 필요한 생활비나 단기 목표 자금은 투자에 사용하지 않았습니다. 덕분에 하락장을 지나오면서도 심리적 여유를 가질 수 있었습니다. 평정심을 유지하다 보니 시장이 급락해도 오히려 그 속에서 매수 기회를 찾기도 했습니다.

자산을 유지하기 위한 또 다른 핵심은 수익 실현의 균형입니다. 보유한 자산이 오르면 더 오를 것 같은 욕심에 계속 보유하다가 결국 다시 떨어져 수익을 놓치는 경우가 많거든요. 부동산 투자에서도 이런 현상이 자주 발생하고요. 이런 딜레마를 해결하기 위해 매도를 염두에 두고 매수한 종목이나 물건은 목표수익률에 도달하면 기계적으로 매도하는 전략을 사용합니다. 보유할 생각으로 매수한 투자 자산은 수익률에 일희일비하지 않고 계속 가져가고 있습니다. 자산 유지에 있어 복리의 힘도 컸습니다. 단기 수익에 집중하다가 장기적인 복리 효과를 놓치는 사람들도 많거든요. 연 10%의 수익률로 투자한다고 가정할 때 복리에 따라 7.2년이 지나면 자산의 두 배가 됩니다. 7.2년보다 기간을 당기거나 수익률을 높이기 위해서는 투자 수익을 쓰지 않고 다시 투자를 하거나 투자하기 시작한 자산을 오래 보유하는, 복리의 원칙을 지키는 것이 중요합니다. 따라서 매월 받는 배당금을 꺼내 쓰지 않고 모두 재투자했습니다. 이는 시간을 먹고 스스로 몸집을 키워 저에게 자산으로 되돌아오는 원동력이 되었습니다.

마지막으로 투자 성과를 유지하기 위해서 계속 배웠습니다. 투자는 생물이지요. 시장은 계속 변화하기 때문에, 과거의 성공 방식이 미래에도 통할 거라는 보장이 없습니다. 매달 최소 한 권의 투자 관련 서적을 읽고, 미국 주식과 부동산 시장의 트렌드와 데이터를 연구합니다. 성공한 투자자들의 원칙과 방법론을 배우기 위해 강의도 듣고 별도의 유료 스터디 그룹에도 참여하고 있습니다. 배움은 변화하는 시장 환경에서도 자산을 지키고 불리는 하나의 축이 되어 주었습니다. 자산을 유지할 수 있었던 데는 주변 환경의 영향도 무시할 수 없었습니다. 가치 투자를 지향하는 사람들과 자주 만났고, 남편과도 한 달에 한 번씩 재정 목표를 공유하며 서로 지지하는 환경을 만들었습니다. 다섯 식구가 한데 모여 투자 성과를 점검하고, 앞으로의 계획을 함께 세우기도 했습니다. 이런 환경적 지지가 장기적으로 자산을 유지하는 데 큰 힘이 됩니다.

자산 관리는 마라톤과 같습니다. 중간에 무리하게 속도를 내다 쓰러지면 완주할 수 없겠지요. 꾸준히 저 나름의 속도를 유지하며 한 걸음씩 나아가는 것이 중요했습니다. 화려한 투자 성공 사례에 현혹되지 않았고, 유행이나 트렌드보다는 지키는 것에 초점을 맞췄습니다. 단기간에 큰 수익을 내는 것보다 다양한 자산군에서 장기적으로 안정적인 수익을 창출하는 것이 진정한 투자의 성공이라고 생각했기 때문입니다. 작은 성취를 꾸준히 쌓아 가다 보면, 목표한 시기에 반드시 경제적 안정과 자유를 이룰 수 있을 것이라고 믿었습니다. 유지하느냐, 무너지느냐. 결국 이 차이는 화려한 투자 기법이나 대박 종목 발굴이 아닌, 일상의 작은 투자 습관과 원칙을 지키는 데서 비롯됩니다. 하여 오늘도 저는 투자 일지를 쓰며 이 진리를 되새깁니다.

원효정

가족과 함께 만드는
소득 창출 프로젝트

    둘째 아이가 당근마켓에 올린 물건이 팔리기 시작하던 날, 아이의 얼굴에 비친 표정을 잊을 수 없습니다. 아이는 본인이 쓰지 않는 물건들의 사진과 판매 글을 요리조리 만들어 올렸습니다. 그 결과, 첫 수익금 2만 8천 원이 발생했습니다. 금액은 적었지만, 그 의미는 컸습니다. 돈은 어른들만 버는 것이 아니라는 사실을 아이도 알게 된 거죠. 가게에서 아르바이트를 하면서 용돈을 벌고 있던 아이는 스스로 계획을 세워 처음부터 끝까지 자신의 힘으로 돈을 만들어 냈습니다. 생각했던 것보다 큰 성취감을 느꼈다고 해요. 조금씩 저희 가족은 함께 돈을 번다는 것의 의미에 대해 이야기를 나누었습니다.

    재테크와 소득 창출은 흔히 개인의 영역으로 여겨집니다. 허나 가족이 함께 고민하고 실행할 때 더 큰 시너지가 발생할 수 있습니다. 여러 사람이 아이디어, 재능, 고민 등을 함께 나누면 혼자서는 상상하지 못했던 소득원이 만들어지기 때문입니다. 또한 어린 시절부터 올바른 돈 관리와 소득 창출 경험을 쌓은 아이들은 성인이 되어서 자신의 소득을 관리하는 데 있어서 저처럼 막막해하지 않을 겁니다.

저희 가족의 소득 창출 프로젝트는 그저 매일 작성하던 가계부에서 시작되었습니다. 처음에는 단순히 지출을 줄일 생각만 했습니다. 가계부를 쓰다 보니 더 많은 소득을 만들어 내기 위한 방법을 고민했습니다. 매월 결산에 대해 이야기 나누는 머니플랜데이 시간을 갖던 어느 날, 남편이 한 가지 제안을 했습니다. 가족 구성원 모두가 본인이 할 수 있는 만큼 자신의 재능과 관심사를 활용해 추가 소득을 창출해 보자는 아이디어였습니다. 그렇게 시작된 '우리 가족 소득 창출 프로젝트'는 큰 변화를 가져왔습니다. 저는 본업인 온라인 콘텐츠와 강의 외에 마케팅 대행사와 온라인 쇼핑몰로, 남편은 배민 알바로, 첫째 아이는 온라인 스트리밍 채널 운영으로, 둘째 아이는 동생 과외와 당근마켓으로, 막내 아이는 가게 일을 도우며 노동을 제공하는 방식으로 각자의 소득원을 만들었습니다. 처음에는 부족하고 어설펐지만, 서로 격려하고 조언하며 꾸준히 발전시켜 나가고 있습니다.

추가 소득을 만들어 가는 과정에서 가족 구성원의 재능과 관심사에 대한 이야기를 많이 했습니다. 소득 창출에 대해 단순히 돈을 버는 활동이 아니라, 자신의 관심사와 재능을 발전시키는 과정으로 생각의 방향을 틀어 준 거죠. 평소 좋아하던 게임과 연기를 콘텐츠로 만들거나, 지식을 나눠 주는 것을 통해 자신이 알고 있는 것을 더 단단하게 만들었습니다. 그 과정에서 좋아하는 것을 돈으로 바꾸는 경험을 하기도 하고, 돈이란 것이 저절로 나오는 게 아니라 시간과 노동을 들여야 얻을 수 있는 존재라는 것도 깨닫게 됩니다.

저희는 한 달에 한 번, 매월 첫째 주 토요일에 머니플랜데이 시간을 갖습니다. 한 달 동안의 가계부를 꺼내 여러 가지 성과에 대해 브리핑하고 토론하는 시간입니다. 지출과 투자에 대한 이야기와 함께 소득에 대해서도 논의합니다. 소득 계획을 공유하고 점검하는 습관도 큰 도움이 되기 때문입니다. 각자의 소득 활동 현황을 공유하고, 어려운 점을 함께 해결하면서 다음 달 계획을 세웁니다. 지출 내역이나 투자 성과를 공유하면서 앞으로의 투자 계획도 함께 이야기 나눕니다. 이 자리에서는 어른과 아이들의 의견에 동등한 가치를 부여합니다. 아이들은 제 콘텐츠의 결이나 방향에 대해 조언을 해 줍니다. 온라인 마케팅이나 새로운 플랫폼 활용법에 대해서도 좋은 아이디어를 더해 주는 경우가 많습니다.

수익의 관리와 분배 원칙을 세우는 것도 가족 소득 창출 프로젝트의 중요한 요소입니다. 아이들이 번 돈의 경우 50%는 본인이 자유롭게 쓸 수 있고, 30%는 투자를 위해 저축하며, 10%는 가족 공동 기금으로 적립하고, 10%는 기부한다는 규칙을 세웠습니다. 용돈을 나누던 습관을 벌어 온 돈에도 적용하는 거죠. 물론 그 비중은 아이들 스스로 정합니다. 평소에도 돈에 대한 이야기를 나누고 돈을 관리하고 투자하는 내역들에 대해서도 스스럼없이 공유하다 보니 아이들에게도 돈은 자연스레 스며들더라고요. 어릴 때부터 자연스럽게 소득의 일부를 저축하고 공유하는 습관을 들이는 것이 중요합니다. 계획대로 되지 않더라도 실패라 생각하지 않도록 도왔습니다. 모든 것은 내 생각대로 되지 않을 수 있다는 것을 경험하면서 실패를 두려워하지 않고 함께 원인을 분석하며 다음 도전을 위한 교훈으로 삼았습니다.

가족 소득 창출의 과정이 항상 순탄하지만은 않았습니다. 본업과 학업 그리고 부업을 모두 병행하는 시간 관리를 어려워했기 때문입니다. 어른도 본업과 부업을 함께 하는 것이 어려운데 아이들이 쉬울 리 없었겠지요. 따라서 부업을 위한 활동은 1주일에 최대 5시간을 넘지 않도록 제한하고, 학교 시험 기간에는 잠시 중단한다는 원칙을 세웠습니다. 가족들 사이에서 의견 충돌이 생기기도 했습니다. 하지만 이를 조율하는 과정에서 아이들의 문제 해결 능력과 협상 기술이 발전하는 효과도 있었습니다.

가족 소득 창출 프로젝트는 고정된 것이 아니라 계속 진화합니다. 저는 블로그에서 시작해 강의와 책 출간을 넘어 온라인 교육 플랫폼과 교육 사업까지 영역을 넓혔습니다. 남편은 가게를 키우기 위한 시스템을 구축하기 시작했습니다. 첫째 아이의 스트리밍 채널은 규모가 꽤 커져 조금씩 고정적인 수익을 내고 있고, 막내 아이에게는 새로운 목표가 생겨 관련 장비를 사기 위해 돈을 더 모으고 벌 수 있는 방법을 추가로 또 연구하기 시작했습니다.

가족과 함께 만들어 가는 소득 창출 과정에서는 먼저 가족 구성원들의 관심사와 재능을 파악하고, 이를 시장의 필요와 연결해 보는 생각의 전환이 필요합니다. 처음부터 완벽하지 않아도 됩니다. 무엇이든 작게 시작해서 경험을 쌓으며 발전시켜 나가는 것이 중요하기 때문입니다. 디지털 플랫폼을 적극 활용하고, 무엇보다 재미와 의미를 잃지 않도록 하는 것도 필요했습니다. 가족과 함께 만드는 소득 창출 프로젝트는 단순히 돈을 더 버는 방법이 아닌, 가족 구성원 모두가 잠재력을 발휘하고 미래를 준비하는 도구입니다. 제4차 산업혁명과 AI 시대에는 다양한 소득원을 개발하고 관리하는 능력이 필수 생존 기술이 될 것입니다. 아이들은 이런 환경에서 자라며 경제적 창의성과 회복 탄력성을 자연스럽게 배워 갑니다.

가족과 함께 돈을 벌고 불리고 모으는 이야기를 허심탄회하게 나누고 자연스럽게 돈에 대한 생각을 꺼내며 살아갈 줄은 꿈에도 생각하지 못했습니다. 어린아이들과 돈에 대한 이야기를 한다는 것이 조심스러웠지요. 돈에 대한 올바른 대화를 나누다 보니 어느새 가족들과 함께 이야기 나누는 머니플랜데이는 재정 가치관과 지혜를 전수하는 장이 되었습니다. 아이들은 돈을 두려워하거나 맹목적으로 추구하지 않고, 삶의 도구로 활용하는 법을 배워 나가고 있습니다. 고등학생 둘째 아이가 첫 수익금으로 저에게 롱패딩을 선물했던 그 순간, 우리는 단순히 돈 버는 법이 아닌 나눔과 감사의 가치까지도 공유하게 되었습니다. 가족 소득 창출 프로젝트는 결국 우리가 어떤 삶을 살고 싶은지, 어떤 가치를 중요하게 여기는지를 함께 그려 나가는 과정이었습니다. 그 길 위에는 수입과 지출만이 아닌, 우리 가족만의 꿈과 가치, 그리고 더 나은 미래를 향한 여정이 담겨 있기 때문입니다.

다양한 소득의
선순환 구조

원효정

강의가 끝나고 질의응답 시간이면 빠지지 않고 등장하는 질문이 하나 있습니다. 몇 시에 일어나는지, 하루에 몇 시간 자는지 꼭 물어보더라고요. 제가 가게 운영, 재테크 블로그, 온라인 강의, 배당금이나 월세 수익, 지식 콘텐츠 사업, 마케팅 대행 등 여러 소득원을 가지고 있다는 이야기를 하다 보니 그러기 위해서 많은 시간이 필요할 것이라는 생각 때문이었겠지요. 제가 만들어 내는 여러 소득원은 별개의 활동이 아니라, 서로 영향을 주면서 연결되어 있기에 자산이 빠르게 커지는 시너지 효과를 내고 있었습니다. 각각의 소득이 또 다른 소득을 강화하고, 전체 성장을 이끌어 내는 것입니다. 여러 소득원들에 의해 소득이 선순환되는 구조를 만들었지요. 하나의 소득 구조는 다른 소득에 영향을 미치고 따로 존재할 때보다 더 큰 성과를 냅니다.

저는 가장 먼저 가게를 운영하면서 재정 관리 방법을 집에 적용해 모으고 투자하는 방향으로 확장시켰습니다. 이 과정에서 얻은 지식과 경험을 블로그에 공유했고, 이것이 재테크 콘텐츠 사업의 시작이 되었습니다. 블로그가 성장하면서 책을 출간했고, 이를 본 관계자들이 강연을 요청해 왔습니다. 이것은 새로운 수입원이 되어 주었습니다. 투자를 배우고 실행하다 보니 다른 배움과 연결이 되어 부동산 투자를 시작했고, 이는 다시 시세차익과 임대수익을 만들었습니다. 블로그와 강연에서 얻은 평판은 마케팅 대행사 사업을 시작하는 데도 도움이 되었습니다.

이러한 다양한 활동이 서로를 강화한다는 점이 신기했습니다. 부동산 투자 경험은 블로그와 강연 콘텐츠를 더 풍부하게 만들었고, 블로그를 비롯한 SNS 성장 경험은 온라인 마케팅 대행사를 시작할 수 있게 해 준 거죠. 가게 운영에서 얻은 사업 노하우는 오프라인과 온라인 양쪽에서 진행하는 다른 모든 사업에도 그대로 적용할 수 있었습니다. 여러 소득이 서로에게 영향을 주는 이러한 선순환 구조를 만들기 위해서는 연결성이 중요합니다. 겉으로는 관련 없어 보이는 활동들 사이에서 연결점을 찾아내야 합니다. 가게 운영과 재테크 블로그 사이의 연결점을 발견한 것처럼 말이지요. 자영업자로서의 재정 관리 경험이 블로그의 차별화된 콘텐츠가 된 것입니다. 장사를 하다가 온라인 사업으로 독립해 운영하니 사업에 대한 감각을 이미 갖고 시작할 수 있었어요. 본업과 관심사, 취미 사이의 독특한 교차점을 찾다 보니 새로운 소득을 만들어 낼 기회가 보였습니다.

지식과 자원의 공유는 선순환 구조의 핵심입니다. 한 분야에서 배운 것을 다른 분야에 적용하면 시너지가 생깁니다. 블로그 등의 SNS를 키워 가면서 알게 된 지식과 경험을 토대로 타인의 블로그를 키워 주는 방법을 배워 사업을 하다 보니 저희 가게를 알리는 데에 적용시켜 최근 매출이 30%가량 늘었습니다. 소득 구조를 다양하게 만드는 것은 리스크를 분산시키는 효과도 있었습니다. 코로나19로 중국집 매출이 크게 줄었을 때, 온라인 콘텐츠 사업과 부동산 임대수익이 저희 가게를 지탱해 주었기 때문입니다. 반대로 부동산 시장이 침체기에 들어갔을 때는 본업인 중국집과 온라인 사업의 안정적인 수익이 현금 흐름을 만들어 균형을 맞춰 주었습니다. 이처럼 서로 다른 분야와 시장에 걸친 다양한 소득 구조는 전체 재정의 안정성을 높여 줍니다.

각각의 소득원이 만드는 시너지 효과는 선순환 구조에서 중요한 개념입니다. 여러 소득원이 동시에 성장할 때 복합 효과가 발생하기 때문입니다. 각 소득원이 10%씩 성장한다면, 전체 소득은 단순히 10%가 아닌 그 이상으로 증가할 수 있습니다. 각 소득원 간의 시너지 효과로 추가 기회가 생기기 때문입니다. 블로그 이웃이 늘어나면서 강연 요청도 많아졌고, 이는 다시 더 많은 온라인 강의 수강생으로 연결되는 선순환이 만들어졌습니다. 다양한 소득원을 효율적으로 관리하기 위해 '자동화와 시스템화'는 필수였습니다. 한 달분 블로그 콘텐츠를 매월 초에 기획해 일주일의 콘텐츠를 예약 발행하고, 반복적인 마케팅 활동은 자동화 도구를 활용하면서 시스템화했습니다. 온라인에서 접할 수 있는 각종 스마트워킹 툴을 활용해 관리할 수 있었고, AI도 배워 활용했습니다. 이런 방식으로 여러 소득원을 관리하는 데 드는 시간과 노력을 줄일 수 있었습니다.

제가 잘해서가 아니었습니다. 먼저 안정적인 본업이 단단하게 자리 잡아 준 덕분이었습니다. 본업이 탄탄하게 받쳐 주지 않았다면 오히려 돈에 쫓기듯 살았을 겁니다. 안정적인 주력 소득원이 있어야 다른 소득원을 실험하고 개발할 여유가 생깁니다. 가슴 뛰는 다른 일 하겠다며 본업을 그만두는 일은 절대 하지 말라고 항상 이야기하곤 합니다. 본업에서 얻은 지식과 경험을 바탕으로 관련된 영역으로 확장해 나가는 것이 안정적이고 바람직한 소득 구조를 만들어 갈 수 있기 때문입니다.

또한 본업과 시너지를 낼 수 있는 추가 소득원을 만들어 내는 것이 좋습니다. 가게를 운영하면서 주먹구구식으로 알아 갔던 재정 관리를 책이나 강의 등을 통해 저만의 이론으로 정립했고, 이는 저의 또 다른 소득원으로 나아갈 수 있는 발판이 되었습니다. 기존 인프라와 지식을 활용할 수 있어 또 다른 영역으로의 진입 장벽이 낮아 시작을 앞당길 수 있었습니다. 사람은 누구나 타인에게 전해 줄 지식과 경험을 갖고 있습니다. 블로그, 유튜브, 온라인 강의, 컨

설팅 등을 통해 이 지식을 수익화할 수 있는 시대가 되었기에 자신의 본업에서 얻은 전문성을 타인에게 공유하는 것이 출발점이 될 수 있습니다. 제가 가게 운영과 재테크 경험을 블로그로 시작한 것처럼 말입니다. 여러 소득원에서 발생한 수익을 부동산, 주식, 채권 등에 투자하여 자산을 기반으로 한 소득원을 구축하는 것도 주효했습니다. 이 소득은 시간 투입이 적고 장기적으로 안정적이라는 장점이 있기 때문입니다. 부자는 시간과 노동을 돈으로 바꾸지 않아도 돈이 돈을 벌어 올 수 있는 구조를 가진 사람입니다. 다양한 소득이 서로 연결되도록 만들어 간 과정에서 저는 제가 생각하는 부자의 길로 조금씩 나아가게 되었던 것이죠.

여러 소득의 선순환 구조를 만들 때는 단계적 접근이 중요합니다. 모든 것을 한꺼번에 시작하면 무엇 하나도 제대로 만들기 어려울 수 있습니다. 하나의 소득원을 안정적으로 만든 뒤 다음 단계로 넘어가는 것이 효과적이었습니다. 저도 가게 매출을 성장시키면서 블로그를 시작했고, 가게 매출을 최대로 달성하고 나서 가게에서 독립해 온라인 콘텐츠 사업을 시작했습니다. 독립한 이후 시작한 온라인 콘텐츠 사업이 어느 정도 자리를 잡은 후에 유통 사업과 마케팅 대행 사업을 시작했습니다. 각 소득원에 투입되는 시간을 전략적으로 관리하는 것도 필수입니다. 모든 소득원에 같은 시간과 노력을 투입할 필요는 없습니다. 시간 대비 수익률이 높은 활동에 우선순위를 두고, 수익성이 낮은 활동은 줄이거나 외부에 맡기는 것이 효율적입니다. 저는 정기적으로 각 소득원의 시간당 수익을 계산해 저에게 한정된 시간을 배분해 나갔습니다. 모든 것을 다 잘하려는 마음보다 하루에 무조건 3가지 가장 중요한 일을 완료할 수 있게 차근차근 쌓아 나갔습니다.

다양한 소득의 선순환 구조는 단지 여러 수입원을 만드는 것 이상의 의미를 가집니다. 잘 설계된 생태계처럼, 각 요소가 서로를 지지하고 강화하며 함께 성장하는 유기적인 시스템이지요. 한 소득원에서 얻은 지식, 기술, 자원, 인맥이 다른 소득원을 풍성하게 하고, 그 효과가 다시 전체 시스템으로 순환하며 더 큰 가치를 만들어 내기 때문입니다. 이러한 구조 덕분에 이제 저는 조금씩 부자의 길로 나아가고 있습니다. 제가 몸을 써서 일하지 않아도 돈이 나 대신 돈을 벌어 오는 시스템을 갖게 되었기 때문입니다. 그렇게 돈으로 시간을 샀고, 그렇게 주어진 시간을 또다시 제가 진정으로 원하는 의미와 가치를 담은 일을 하면서 저는 어제보다 조금 더 성장한 오늘을 살아가고 있습니다.

제5장

평생 부자로 사는 결정적 한 수

모으기보다
이제는 지키기

유현주

학교에서도 돈에 대해 알려 주는 사람이 없었고, 부모님도 가르쳐 주지 않았습니다. 먹고살기 바쁜 부모님도 돈을 잘 몰랐으니까요. 자본주의 사회에서 돈이 어떻게 만들어지는지 몰랐어요. 열심히 일하고, 하루 세끼 든든하게 밥 먹으면 그만이었으니까요. 사회가 발전할수록 마케팅은 점점 교묘해지고, 소비하게 만드는 시스템으로 진화합니다. 우리 본능을 자극하고 심리를 부추겨 필요 없는 물건을 사게 만들고 소비를 조장하고 있습니다.

소비가 일어나야 경제가 살고, 기업은 벌어들인 돈으로 투자해야 일자리는 늘어나고, 개인은 일하고 수입이 늘어나는 원리이죠. 나의 노동력과 시간을 들여서 수입을 늘리는 것은 중요합니다. 그래서 종잣돈이 마련되면 자산을 불리고 지켜야 합니다. 내 소득이 오르는 속도보다 물가가 오르는 속도가 빠르고, 자산이 자산을 불려 가는 속도가 더 빠르기 때문이랍니다. 극강으로 절약하는 시기도 한정되어 있어요. 아이가 성장하면서 교육비도 많이 들고, 노후 준비도 해야 하니까요.

예비비 통장을 하나 더 만들어 6개월 생활비를 저축해 두었습니다. 비정규직 근로자라 매년 근로계약서를 새로 작성합니다. 근로계약이 끝나고 재계약이 안 될 경우를 대비하기 위해서입니다. 퇴직금이 있긴 하지만 퇴직금 외에 안전장치를 마련해 두고 싶었고, 대출받거나 모아 둔 자산을 헐어서 쓰는 불상사를 막기 위해서입니다. 일종의 보험을 든 셈이죠. 내 편이 있으면 힘들 때 기댈 수 있고, 조급하지 않고 다시 일어설 디딤돌이 되기 때문입니다. 감당할 수 없는 돌발 상황이 생겨도 나와 저희 집 가계부를 든든하게 지켜 주는 내 편이랍니다.

안정적인 수익을 선호하는 편입니다. 내가 감당할 수 있는 리스크 한계를 파악하고 알맞게 투자했습니다. 세금 절세하는 방법도 찾아보며 비용도 줄이려 했죠. 주식 투자를 하면서 개인종합자산관리계좌인 ISA를 개설하였습니다.

ISA 계좌는 여러 금융 상품을 하나의 계좌에 관리하고, 여기서 나는 수익에 대해 세금 혜택까지 받을 수 있는 통합 계좌입니다. 가장 큰 장점은 세금 혜택입니다. 예·적금이나 펀드, ETF 같은 상품에 투자해 수익이 나면 이자 소득세나 배당소득세를 내야 합니다. 하지만 ISA 계좌를 통해 투자한 수익은 일정 금액까지는 비과세 되고, 초과된 수익분은 일반 금융 소득보다 낮은 세율(9.9%)로 분리과세 됩니다. 일반형 ISA는 200만 원까지 비과세, 서민형이나 농어민형은 400만 원까지 비과세 혜택이 주어집니다.

ISA는 통합 계좌라는 말처럼, 다양한 금융 상품을 한 계좌에서 운용할 수 있습니다. 은행에서는 예·적금 위주로, 증권사에서는 펀드, ETF 같은 상품에 투자할 수 있는데, 특히 중개형 ISA를 선택하면 직접 ETF나 주식형 상품에 투자할 수 있어 활용도가 매우 높습니다. 가입 조건은 만 19세 이상의 대한민국 국민이면 누구나 가입할 수 있고, 직장인이나 자영업자처럼 소득이 있는 사람이라면 절세 혜택이 더 커집니다. 연간 최대 2천만 원, 총 1억 원까지 납입할 수 있으며, 3년 이상 유지해야 세제 혜택을 온전히 받을 수 있습니다.

열심히 모으다 보니 이제는 지키는 단계로 나아가려 합니다. 불리는 것 못지않게 지키는 것 또한 중요하게 생각하기 때문입니다. 투자하고 받은 배당금은 적은 금액도 다시 투자합니다. 나만의 복리 시스템을 만드는 거죠. 인기 있는 투자처라도 무조건 따라 하지 않습니다. 투자 결과는 오로지 내 책임이기에 공부하고 확신이 섰을 때 한답니다. 비트코인 수익률이 좋아서 사람들이 많이 투자할 때도 하지 않았어요. 강의도 듣고, 책도 사서 봤지만 이해가 안 되었고, 주식보다 변동성이 크고, 리스크가 크다는 생각이 들었기 때문입니다. 확신이 설 때까지 공부를 더 하고 투자해도 늦지 않습니다. 늦는 건 없어요. 충분히 공부하고 투자할 때도 실수할 수 있기에 리스크를 감당할 힘이 생겼을 때 투자해도 괜찮다고 생각합니다.

매달 가계부 결산하면서 자산을 정리하고 수익률을 메모합니다. 앱을 돌려서 시뮬레이션 해 보기도 해요. 장기 플랜을 점검하고 계획대로 투자가 잘 진행되고 있는지 살펴보고, 장기 플랜을 이루기 위한 단기 플랜도 점검하면서 포트폴리오는 기간을 두지 않고 상황에 맞게 수정합니다. 꾸준히 살펴보고 관심을 가져야 자산을 지킬 수 있기 때문입니다.

하루 30분 주식 공부를 합니다. 책도 보고, 그래프와 증권사 리포트를 보며 흐름을 놓지 않으려 노력합니다. 흰 건 여백이고, 검은 건 글씨로만 구분되던 것이 이제는 조금씩 이해도 되고, 자료들이 연결되기도 합니다. 관심을 가지고 봐야 하나라도 더 눈에 들어오더라고요.

가계부 스터디에서 코치로 활동하며 스터디원들에게 한 달에 한 번 신문 기사를 읽고, 머니픽 강의를 합니다. 주식 관련 기사를 연결하기도 하고, 산업별로 확장을 하기도 합니다. 20분~30분 정도의 짧은 강의지만 준비하면서 공부가 많이 됩니다. 강의 후 관련 기사가 나오면 공부한 보람이 있고, 아는 기업이 한 나 더 늘어나서 뿌듯합니다. 매일 조금씩 공부한 효과를 톡톡히 보고 있습니다.

자산을 모으는 시기를 지나 지키고 불리는 단계로 접어든 지금, 이제는 조금 알 것 같습니다. 어떤 투자 상품이나 재테크 기술보다 결국 나 자신을 성장시키는 것이 가장 확실한 자산의 방어책이라는 것을요. 세상은 끊임없이 변화하고 시장의 변동성은 날로 커지고 있지만, 꾸준히 공부하고 자신을 갈고닦는 사람만이 그 파도를 넘어 부를 지키고 키워 갈 수 있습니다. 반짝하다가 내일이면 사라질 수 있는 일시적인 투자 기회를 우르르 좇기보다, 평생의 자산이 될 지식과 통찰력을 쌓아 가기 위해 오늘도 주어진 하루에 최선을 다합니다. 그것이 바로 평생 부자로 사는 결정적인 한 수, 즉 모으기를 넘어 지키는 부의 비결이라 생각합니다.

리스크 방어가 중요해

유현주

오랜 시간 가계부를 쓰다 보니 자연스레 리스크를 관리하는 방법을 생각하게 되더라고요. '어떻게 하면 저축한 돈을 헐어 쓰지 않을 수 있을까?', '어떻게 하면 신용카드를 쓰지 않을 수 있을까?', '어떻게 하면 투자한 돈 수익을 안정적으로 가져갈 수 있을까?' 하고요. 책도 보고, 여러 가지 시도도 했습니다.

가계부와 함께 지수를 기록했습니다. 코스피, 코스닥 국내 증시와 미국증시 다우존스, 환율과 유가를 매일 손으로 적었습니다. 전날보다 상승하면 빨간색, 하락하면 파란색으로 직관적으로 표시했습니다. 처음에는 오르고 내리면 그런가 보다 했습니다. 의미를 파악하기보다는 그냥 하나의 단순한 기록에 불과했어요.

주식 투자를 본격적으로 하면서 지수가 전체적으로 내려가면 내가 투자하고 있는 종목이 어떻게 되겠다 가늠하기 시작했고, 외부 충격이 강할 땐 어떻게 될지 예측하고 확인하게 되었습니다. 피드백 하면서 좀 더 관심을 가지고 체크하고, 역사적인 사건이 있었을 땐 지수가 어떻게 되었는지 찾아봤습니다. 더 나아가 지수가 강하게 떨어질 때 전반적인 경제 상황을 연결하였고, 금리 변동도 체크하게 되었죠. 단순히 기록만 하던 것을 이제는 자연스럽게 하나둘 연결해서 보는 습관이 되었습니다. 지수 변동으로도 앞으로 펼쳐질 상황을 그리는 습관도 생겼습니다.

신문을 봐도 모르는 용어가 많았고, 기자가 무슨 말을 하고 싶은지 도통 이해가 되지 않았습니다. 봐도 바로 효과가 나타나지 않아서 기사 하나를 보는데도 시간이 많이 들었어요. 구독한 신문을 보지 못하고 쌓여 갈 땐 굉장히 부담이었고, 숙제처럼 느껴지기도 했답니다. 보지 않는 신문 구독료가 아까워서 해지하기도 하고, 온라인 신문을 보기도 했는데 가독성도 떨어지고, 양쪽 옆에 뜨는 광고 때문에 집중이 되지 않았어요. 하지만 경제 흐름을 파악하고 돈 공부를 하려면 신문은 필수였죠.

나만의 신문 보는 법을 만들어야 했기에, 빨리 신문과 친해지려는 생각을 내려놓았어요. 하루에 한 개만 보자는 생각으로 좀 느긋하게 임했고, 블로그에 내용을 정리하면서 시간을 쌓아 갔습니다. 내 생각 한 줄 적는 게 어려워서 안 적는 날도 많았지만, 아는 내용이 나올 땐 짧게라도 한 줄씩 적기 시작했습니다. 이렇게 시간이 쌓이니 이제는 신문을 보면 광고인지, 중요한 기사인지 알 수 있습니다. 이 기사는 아주 중요한 이슈라서 내가 투자한 곳에 악

영향을 미칠 것이라는 느낌도 오고 대처할 방법도 생각하게 됩니다. 주식 투자에 있어서 신문은 후행지표지만, 과거를 돌아보면서 대처할 힘이 생겨서 놓치지 않고 챙겨서 봅니다.

주식 투자를 시작하고 얼마 지나지 않아 삼성전자를 매수했답니다. 한국 시총 1위 기업이라 안심했어요. 투자하면 무조건 수익이 날 줄 알았는데, 얼마 지나지 않아 주식은 계속 하락을 하였습니다. 밥도 안 넘어가고, 주식 가격이 더 떨어진 날은 예민해져서 일도 할 수 없었답니다. '그래도 1등 기업인데'라는 생각으로 기다렸다가 결국 큰 손실을 보고 주식을 정리하였답니다. 당시 반도체 산업 불황으로 기업들이 생산을 줄였고, 영업 이익도 줄어서 주가에 큰 영향을 미쳤었죠. 주식이 회복될 때까지 가지고 있었다면 마음고생도 더 심하게 했을 겁니다.

투자한 종목이 손실이 50%가 나면 손실 복구를 하기 위해선 100% 수익을 내야 합니다. 원금 100만 원으로 투자했다가 손실이 나서 50만 원이 되면 50만 원의 100%를 수익을 내야 100만 원이 되니까요. 손실률과 회복률이 다른 걸 체감한 후 투자할 때 정한 손실률에 도달하면 매도 버튼을 누릅니다. '어떻게 번 돈인데'라는 생각이 들어서 파란색을 보고도 매도 버튼이 쉽사리 눌러지지 않지만, 다음 기회를 위해 손실 10% 이상은 보지 않으려고 합니다. 포트폴리오를 구성할 때도 같은 산업군 종목은 중복으로 투자하지 않고, 크게 오를 한 종목에 몰아서 투자하기보다는 현재 유망한 산업군 위주로 분산 투자합니다. 산업군별로 분산 투자를 해야 리스크를 조금이라도 해소할 수 있으니까요.

가계부를 쓰면서 예비비를 만들어 신용카드를 쓰지 않고 수익이 없을 때를 대비하고 있듯이, 투자도 마찬가지입니다. 투자가 필수이지만 적금과 예금으로 자산의 30%는 현금을 보유하고 있습니다. 코로나19나 자연재해처럼 주가가 큰 폭으로 하락하거나 국가 간 이권 등 외부적인 상황으로 주가가 크게 출렁일 때가 있습니다. 일시적인 현상일 땐 보유하고 있던 현금으로 저렴한 가격으로 주식을 살 수 있는 좋은 기회이기에 항상 준비하고 있어야 합니다. 기회가 나를 기다리고 있는 것이 아니라, 내가 기회를 기다리고 있어야 합니다. 기회를 잘 활용하기 위해서라도 리스크를 항상 관리해야 합니다.

경제와 정치는 밀접한 관계를 맺고 있어서 뗄 수 없는 관계입니다. 하지만 정치 관련 테마주는 좀 더 뾰족하게 분석하고 신중하게 투자합니다. 그만큼 리스크가 크고 대응하기 쉽지 않기 때문입니다. 하여 신문 보도 자료 통해서 체크하고, 사업보고서를 통해서도 기업의 마인드를 봅니다. 모회사와 자회사의 연관관계, 신사업 추진 여부와 지속 여부를 꾸준히 살핍니다. 오너 리스크도 제거하기 어려워도 충분히 관리할 수 있는 부분입니다.

살다 보면 때로는 순풍에 돛을 단 듯 질주하기도 하고, 거센 풍랑에 맞닥뜨리기도 합니다. 재테크도 마찬가지라 생각합니다. 수익만 좇아 무작정 덤벼들었다가는 예상치 못한 리스크 앞에 모든 것을 잃을 수 있습니다. 진정으로 돈이 나를 위해 일하게 만들어 경제적으로 여유롭게 살고자 한다면 수익의 크기가 아닌 나에게 다가올 리스크의 깊이를 먼저 가늠할 수 있어야겠지요. 모든 리스크를 알 수도 없거니와, 미리 예측해 대비할 수도 없습니다. 할 수 있는 일은 예상치 못한 리스크가 생기더라도 손 놓지 않고 최선을 다해 방어하고 대응하는 것이 최선이라 생각합니다. 방어선을 단단하게 구축한 사람은 외부의 공격에도 쉽게 무너지지 않기 때문이겠지요. 애써 모으고 불려 온 소중한 자산을 지키는 가장 강력한 무기는 화려한 수익률이 아닌, 흔들리지 않는 습관이 만들어준 방어 체계입니다. 오늘 얼마를 벌었느냐가 아니라 내일 얼마나 잃지 않았는지가 진짜 저만의 자산 가치를 결정할 수 있겠지요. 리스크 방어는 선택이 아닌 필수입니다. 이것이 제가 타협하지 않는 저만의 근본 원칙이라 할 수 있습니다.

경제적 자유
vs 경제적 여유

유현주

전업주부의 삶을 꿈꿨습니다. 그 삶도 바쁘고 힘들다는 것을 압니다. 이리저리 치이고 지쳐 있다 보니 느긋하고 여유 있는 일상을 살고 싶었습니다. 주말에는 친구들과 만나기도 어렵고, 모임 역시 마찬가지였습니다. 평일 낮에 만나서 점심도 먹고, 수다도 떨고, 쇼핑도 하고 싶지만 꿈같은 이야기였습니다. 휴일에는 밀린 집안일을 하다 보면 시간이 어떻게 지나갔는지 모를 정도입니다. 일요일 저녁은 어찌 그리 빨리 다가오는지 내일 출근한다는 생각에 아쉽고, 제대로 쉬지도 못한 것 같아서 억울한 기분이 들기도 합니다. 딱 한 달만 쉬면 좋겠다는 생각이 간절했습니다. 회사만 안 다니면 운동도 매일 하고, 독서도 하고, 하고 싶은 일 다 하면서 지낼 수 있겠다고 생각했어요.

종잣돈 모을 땐 하루빨리 부자가 되어야 한다는 마음이었어요. 퇴사하고 여유롭게 살고 싶었고, 퇴사해도 생활에 지장이 없게 만들겠다는 마음이 간절했습니다. 회사에서 힘든 일이 있는 날은 그런 생각이 더 많이 들었습니다. 새벽에 일어나서 독서하고, 출근해서 일하고, 퇴근하고 저녁 시간 후 공부하면서 많은 시간을 보냈습니다. 힘들었지만 재미있었고, 뿌듯했습니다. 노후를 위해 내 꿈을 위해 한발 내딛는다 생각하니 좋았습니다. 나 스스로 잘했다고 칭찬하고 멋진 사람이라고 인정하게 되었습니다.

이젠 퇴사하겠다는 마음은 사라졌습니다. 한때 지긋지긋하다 생각했던 회사인데 말이죠. 여러 상황으로 일할 수 없으면 어쩔 수 없지만 다니는 동안 최선을 다하고, 계속 꾸준하게, 즐겁게 할 수 있는 일을 찾기로 했습니다. 자연스럽게 경제적 자유를 이루겠다는 생각도 희미해졌습니다. 하고 싶은 일 재미있게 하면서 살겠다고 마음먹으니까, 그때부터 '몇억 자산가가 되겠어. 몇억을 꼭 만들고야 말겠어.'라는 생각이 없어졌습니다. '경제적 자유보다는 하고 싶은 일 하면서 재미있게 노후를 보내겠다, 내가 잘하는 일로 힘든 사람들을 돕겠다' 생각했습니다.

가진 것이 없다는 생각에 주눅도 많이 들었고, 할 수 있는 것이 없다는 생각에 시도조차 해 보지 않았던 적이 많았습니다. 가계부를 쓰고 많은 변화가 있었고 돈보다는 나 스스로 무엇인가를 이뤘다는 게 저를 많이 성장시켰습니다. 하고 싶은 일은 남 눈치 보지 않고 하고, 힘든 사람들을 도와주면서 함께하려 합니다. 생각만 해도 절로 웃음이 나는 일이 있습니다.

작은 책방 하나 열어서 책 이야기도 하고, 가계부 모임도 열고, 책방에 온 사람들 재무 상황도 체크해서 해결점도 찾아 주고, 힘든 일 있으면 서로 위로도 해 주는 그런 공간을 하나 갖겠다고 생각했습니다. 아주 작은 문화 센터 같은 공간을 만들어 사람들과 함께 지내려 합니다. '10년 내에 이런 공간을 열어야겠어.', '5층 건물에 1층은 책방을 열고, 2층부터 5층은 임대하고 수익을 만들자.' 큰 그림을 그렸답니다. 건물을 사야 하니 투자 공부도 더 열심히 하겠다 다짐하게 되고, 소비도 더 합리적이고, 가치 있게 쓰자 다짐하게 되었습니다. 주춤했던 열정이 다시 살아났습니다.

지인과 독서 모임을 하다가 꿈 이야기가 나왔는데, 책방 이야기를 하면서 건물을 사고 싶다고 했더니 당장 건물을 안 사더라도 작은 빌라를 사서 열거나 상가를 빌려서 먼저 책방을 열어도 좋겠다는 의견을 주었습니다. 건물을 사야 할 만큼 많은 돈이 들지 않기에 시작이 더 쉽다고 말이죠. 또 한 사람은 건물은 경매로 사거나, 위치가 나빠도 독특하게 만들면 사람들이 찾아오니 더 저렴하게 책방을 차릴 수 있다는 의견을 주었습니다. 이러면 책방 오픈할 날도 더 빨라진다며 서로 웃었답니다. 책방 오픈하면 단골손님이 되겠다는 말과 함께, 우리 모임은 고정이니 주인 찬스 쓰게 해 달라고 이야기하며 웃었습니다. 시간 가는 줄 모르고 이야기했습니다. 꿈을 이루는 다른 형태, 다른 방법도 알려 주고 의견을 나누니 행복했습니다. 대화하며 서로 의견을 나누다 보니 꿈에 한층 더 가까워진 느낌이 들었습니다. 서로에 대해 좀 더 알게 되고, 마음을 나누다 보니 한층 더 가까워졌습니다.

혹자는 계획대로 되지 않는 게 인생이라고 핀잔을 주기도 하지만 이제는 그런 말에 현혹되지 않습니다. 꿈을 위해 세웠던 목표를 하나씩 실행하다 보면 성공할 수도 있고, 또 이루지는 못해도 근처에는 가 있기에 그것 또한 의미가 있습니다. 경제적 자유란 말은 더 이상 쓰지 않지만, 꿈을 이루고 즐겁게 살기 위해서 돈은 꼭 필요합니다. 경제적으로 여유가 있어야 집중할 힘도 더 생기고, 쫓기지 않고 목표에 매진할 수 있으니까요.

SNS나 방송을 통해서 퇴사하고 자신만의 삶을 꾸려 나가는 사람들을 심심치 않게 보게 됩니다. 많은 돈을 벌고 은퇴한 사람도 있지만 비교적 나이가 젊은 사람들도 많아서 적잖이 놀랐습니다. 은퇴자금을 많이 가진 사람도 있었지만, 생각보다 적은 돈을 가지고 은퇴한 사람도 있었습니다. 자기가 좋아하는 일 하고, 생활도 단조롭게 하고, 좋아하는 취미 활동을 하면서 일하고 있었습니다. 다양하게 자신만의 색깔로 즐겁고 행복하게 살고 있더라고요. 행복이 무엇인지 아는 사람들이었습니다. 본받을 점이 많다는 생각이 들었습니다.

한때 돈이 중요하다 생각했지만, 이제 저에게 돈은 그저 하나의 수단입니다. 어떻게 하면 즐겁고 행복할 수 있을지 고민하고 행동하고 있습니다. 힘든 사람들에게 손 내밀고 도와줄 때 행복하고, 같이 웃을 때 즐겁습니다. 힘든 일이 찾아와도 예전보다 덜 무너집니다. 내가 있는 위치에서 할 수 있는 일을 하나씩 하다 보면 이 또한 지나갈 것이란 믿음이 생겼거든요. 거창한 경제적 자유를 추구하기보다 지금 살아가는 이 순간을 마음껏 즐길 수 있는 경제적 여유를 만들어 갑니다. 생각의 걸음에 맞춰 어제보다 나은 오늘을 보내기 위해 하루를 살아 냅니다. 바쁘게 살고 있지만 지금이 행복합니다. 가까운 미래에 제가 꾸는 꿈이 이뤄질 날을 상상하곤 하거든요. 내 꿈을 실행하며 즐겁게 하루를 살아갈 경제적 여유를 이룰 날을 앞에 두고 있다 생각하면 슬며시 미소 지어집니다. 그렇게 오늘을 살아 냅니다.

아이들에게 물려주는 '돈 교육'

박춘희

부모님의 절약과 저축을 보고 자라났습니다. 성실하게 일해서 번 돈으로 알뜰하게 생활하셨고, 매달 꼬박꼬박 돈을 모아 필요한 살림을 마련하고 집도 장만하셨습니다. 지금도 당신들이 평생 모은 자산으로 생활하십니다. 저는 부모님을 통해 땀 흘려 번 돈의 가치를 배웠습니다. 돈에 누군가의 시간과 땀이 들어 있다고 생각합니다. 그래서 1원도 허투루 쓸 수가 없고, 소중하지 않은 돈이 없습니다.

신문을 처음 구독한 건 서른여덟 살 때였습니다. 그전까지 TV나 인터넷 뉴스면 충분하다고 생각했습니다. 굳이 돈 내고 종이 신문을 볼 필요가 있을까 고민되었습니다. 경제서에서 부자들이 여러 신문을 아침마다 챙겨 본다는 말은 그저 먼 이야기처럼 들렸습니다. 한곳도 아닌 여러 신문사를 본다니, 도무지 이해되지 않았습니다. 돈을 아끼는 데만 초점을 맞추다 보니 정말 써야 할 것들은 먹고사는 것이었고, 그 외에 다른 지출은 하지 않았습니다. 책을 사서 읽는 것조차 사치처럼 느껴졌습니다. 신문 구독 역시 돈 많은 사람이 누릴 수 있는 여유로운 선택이라 생각했습니다. 매달 1만 5천 원의 구독료가 아깝게 느껴졌습니다. 종이 신문을 구독한 지 7년째입니다. 비가 오나 눈이 오나 매일 아침 집 앞에 놓은 신문은 어떤 투자보다 소중한 자산이 되었습니다. 종이 한 장에 담긴 정보는 경제 흐름을 읽게 하고, 그날의 세계 이야기를 곱씹게 합니다. 이제는 종이 신문 구독료가 비싸다고 느껴지지 않습니다. 오히려 그 가치를 충분히 경험하고 있습니다. 아이들에게는 돈을 금액이 아니라 가치로 바라보는 시선을 물려주고 싶습니다. 제가 걸어온 시간보다 빠르게, 더 가볍게 시작하길 바랐습니다.

아이가 용돈을 받고 싶다고 이야기했을 때, 용돈을 주기 시작했습니다. 큰아이는 초등학교 2학년 때, 둘째는 1학년 때였습니다. 용돈과 함께 아이 책상에 3개의 돈통을 만들어 주었습니다. 나를 위해 쓸 돈을 두는 통, 친구나 가족같이 다른 사람을 위해 쓸 돈을 두는 통 그리고 기부할 돈을 모아 두는 통입니다. 그리고 용돈을 받는 아이에게 가족 선물은 꼭 챙겨야 한다는 당부도 했습니다. 돈을 아껴 써야 한다는 말 대신에 돈을 가치 있게 써야 한다고 이야기했습니다. 돈을 쓸 때는 나와 다른 사람 그리고 현재와 미래에 쓸 돈으로 구분해야 한다고 말해 주었습니다.

용돈으로 2천 원을 받으면 제일 먼저 2백 원을 기부 통에 넣고,

남은 천팔백 원을 나와 타인 통에 나누도록 했습니다. 나누는 비중은 아이가 정하도록 했습니다. 용돈 기록장도 함께 주었습니다. 용돈 받는 날짜와 엄마에게 받은 용돈 금액, 간식이나 문구를 샀을 때 기록하는 법을 알려 주었습니다. 그리고 매주 토요일 제가 가계부를 정리할 때 아이들도 용돈 기록장을 들고 와서 보여 주었습니다. 사고 싶은 물건이 생기면 나에게 쓸 돈통을 들여다보고, 부족하면 더 기다리거나 포기하기도 했습니다. 레고 블록같이 큰 돈이 필요한 물건은 아이가 모아 둔 돈과 가계부 돈을 일부 보태서 사게 했습니다. 아이는 친구와 간식을 사느라 돈을 다 쓰고, 다음 용돈 받는 날까지 간식을 참아야 하기도 했고, 친구에게 주고 싶은 선물 가격보다 모아 둔 용돈이 적을 때는 고민하기도 했습니다. 자연스럽게 소비와 선택을 경험하게 했습니다.

　1년 동안 모은 기부금은 해외 친구들에게 보냈습니다. 봄이 되면 다른 나라의 또래 친구에게 희망 편지를 쓰고 모아 둔 기부금 통 속 돈을 꺼낼 때, 아이들은 아주 뿌듯해했습니다. 편지에 내가 모은 돈이라는 글을 적어서 마음을 나누는 것과 함께 살아가는 생활에 대해 알려 주고 싶었습니다. 기부는 어른인 저에게도 넘어서기 힘든 벽이었습니다. 아이들에게는 장벽이 아닌 익숙한 습관이 되길 바랐습니다. 명절이나 친척 어른들께 받는 큰 금액의 용돈은 미래를 위한 돈과 현재 쓸 돈으로 나누고 있습니다. 학년에 따라 비율도 바뀌었습니다. 초등학교 저학년 때는 미래를 위해 저축하는 돈이 90%, 현재 쓸 돈이 10%였습니다. 고학년 때는 80:20, 중학생이 되면서는 70:30, 고등학생인 지금은 50:50 비율로 절반을 통장에 적립하고, 절반은 용돈으로 쓰고 있습니다. 비율로 정해 두니 아이들이 10%는 헷갈리지 않고 정확하게 계산했습니다. 수학보다 돈으로 먼저 퍼센트를 배웠다고 해도 과언이 아닙니다.

아이들 미래를 위한 돈은 증권사 계좌에 적립하고 있습니다. 주식이 투기가 아닌 투자라는 것을 알기까지 저는 아주 오랜 시간이 걸렸습니다. 아이들에게는 주식이 시간을 먹고 자라는 우량한 투자 자산인 것을 제대로 알려 주고 싶었습니다. 아이 이름으로 된 주식 계좌를 통해 소수점 투자로 운용하고 있습니다. 아이들에게 각자 가지고 싶은 주식 종목을 고르게 했습니다.

큰아이는 아이폰을 좋아하니 주저 없이 애플을 선택했습니다. 용돈이 생길 때마다 애플 주식을 소수점 투자로 매수하고 있습니다. 큰아이는 지금까지 변함없는 애플 사랑을 이어 가고 있습니다. 둘째 아이는 마이크로소프트와 테슬라를 선택했습니다. 두 종목을 고른 이유를 물어보니 '집과 학교에서 사용하는 컴퓨터에 마이크로소프트가 있어서'라고 답을 했습니다. 테슬라는 전기차에 대한 관심 때문에 골랐다고 합니다. 둘째 아이는 매수 종목을 바꾸기도 합니다. 최근에는 매달 배당금이 나온다는 이야기를 듣고 리얼티인컴도 매수하고 있습니다.

주식 계좌는 투자 원금과 함께 시간이 지나면서 수익률이 변합니다. 아이들은 6월과 12월 마지막 일요일에 계좌의 평가 금액을 확인합니다. 어떤 날은 수익에 환호하고, 어떤 날은 꺾인 수익률에 실망하기도 합니다. 두 아이는 서로 수익률을 비교하며 시장의 움직임을 익히고 있습니다. 지금까지는 환호가 더 많았습니다.

청소년이 된 아이들은 이제 더 이상 저에게 용돈 기록장을 보여 주지 않습니다. 저 또한 애써 보려고 하지 않습니다. 그저 경제지표를 적었는지 정도만 확인합니다. 일주일에 한 번, 경제지표를 정리하면 추가 용돈을 5천 원씩 더 주고 있습니다. 아이들에게 경제지표 작성은 선택 사항입니다. 꾸준히 적으면 경제 흐름을 알 수 있어 기록을 유도하고 있습니다. 올해는 아이들 모두 경제지표 기록을 쉬고 있긴 해도 걱정하지 않습니다. 언젠가 저처럼 어른이 되면 자연스럽게 다시 찾을 테니까요. 저의 바람은 단순합니다. 아이들이 저보다는 더 일찍 시작하는 것입니다. 돈을 도구로 잘 다룰 수 있는 사람이 되었으면 합니다. 경제적인 고민 앞에 섰을 때, 스스로 방법을 찾는 어른이 되었으면 합니다. 막막한 순간에 가장 먼저 이 엄마를 떠올릴 수 있었으면 합니다. 하여 저는 아이들의 든든한 이정표가 되어 주려 합니다. 제가 아이들에게 물려줄 수 있는 최고의 유산은 돈을 다루는 힘이길 바랍니다. 그 힘을 키우는 습관을 단단히 한다면 아이들 역시 평생 부자로 살아갈 수 있지 않을까 해서요. 저 또한 아이들이 나아가는 길에서 발맞춰 가며 지금도 돈을 다루는 힘을 키워 가고 있습니다. 저는 오늘도 가계부를 쓰고 경제 기사를 읽으면서 하루를 시작합니다.

쓸모없던 아줌마에서
같이 해답을 찾아가는 사람으로

박춘희

아이들을 잘 키우는 것이 제 삶의 가장 큰 목표였습니다. 모든 관심은 아이들에게 향해 있었고, 하루의 시간표도 아이들 학사 일정에 맞춰 움직였습니다. 제 이름보다 '누구 엄마'로 불리며 지낸 시간이 어느덧 19년을 넘겼습니다. 남편은 자주 발령을 받아 주말부부 생활이 반복되었고, 그럴 때마다 아이들에 대한 책임은 온전히 제 몫이었습니다. 혹시라도 밤사이 무슨 일이 생기지 않을까 하는 걱정에 깊은 잠을 잘 수 없었습니다. 아이들은 저의 전부이자 삶을 지탱하는 버팀목이었습니다. 아이들이 건강하게 자라나는 것을 지켜보는 것만으로도 제 존재 이유가 충분하다고 믿었습니다.

큰아이가 중학교 3학년, 둘째는 중학교 1학년이 되던 해에 코로나19가 터졌습니다. 예정대로라면 2년간의 주말부부 생활이 끝나고 다시 가족이 함께 살아야 할 시기였지만, 바이러스는 일상뿐 아니라 남편의 인사이동도 멈춰 세웠습니다. 경남 양산에서 경기도 성남으로 발령 날 예정이었지만, 지역 간 이동이 통제되며 남편은 계속 부산에 머물게 되었습니다. 설 명절을 보내기 위해 부산에 내려갔다가, 다시 아이들과 저만 경기도로 돌아와야 한다는 현실이 참 서글펐습니다. 친정 부모님도, 남편도, 친척들도 모두 부산에 있는데 우리만 고속버스를 타고 올라와야 했지요. 4시간 동안 낯선 이들과 함께 버스에 갇힌다는 사실은 당시로서는 큰 공포였습니다. 대구에서 시작된 확진자가 전국으로 번지던 시기였고, 병원들이 대구 출신 환자 받기를 꺼린다는 뉴스도 계속 나왔습니다. 남편은 마스크 여섯 장을 손에 쥐어 주며, 혹시 모르니 버스 안에서는 두 장씩 겹쳐 쓰라고 당부했습니다.

무서움과 답답함을 삼킨 채로 죽전 집으로 돌아왔고, 곧바로 이사를 결심했습니다. 부동산 중개소에 집을 낮은 금액에 내놓았더니 한 달 만에 거래가 성사되었습니다. 중학생이 된 아이들과 이사를 결정하는 것은 쉬운 일이 아니었습니다. 전학 후 학교생활과 친구들과의 관계가 큰 걱정이었습니다. 아이들은 이사를 한다면 전학생처럼 보이지 않게, 입학식 날 교실에 앉아 있게 해 달라고 요청했습니다. 3월 초, 개학 시기를 맞추느라 집을 시세보다 한참 낮은 금액 매도했습니다. 하지만 코로나19는 3월 개학을 허락하지 않았습니다. 개학은 거듭 연기되었고, 아이들은 입학식도 없이 각자의 방에서 모니터 앞에 앉아 줌으로 수업을 듣기 시작했습니다. 줌 수업이 시작되면서 집 안은 숨소리조차 조심해야 할 정도로 조용해야 했습니다. 마이크를 켠 채로 수업이 진행되어 물소리, 청소기

소리, 문 여닫는 소리 하나도 허락하지 않았습니다. 조례 전까지 아침과 점심 식사를 미리 다 준비해야 했고, 아이들이 수업 받는 동안 저는 안방 침대에 가만히 누워 있는 것 외에 할 수 있는 일이 없었습니다. 카페도, 도서관도 모두 문을 닫았던 그 시절, 저는 세상에서 쓸모가 없어진 것 같았습니다. 어디에도 갈 수 없고, 할 수 있는 일도 없었습니다. 아이들도 점점 엄마의 손길이 필요 없다는 신호를 보내오기 시작했습니다. "아, 엄마…."라는 짧은 한숨 같은 말이 저를 멈추게 했고, 방 안으로 물러나게 했습니다. 그렇게 갇혀 지낸 2020년은 제 인생에서 가장 어두운 시절이었습니다.

2021년 4월, 처음으로 용기를 냈습니다. '나인해빗'이라는 온라인 자기 계발 프로그램을 등록한 것입니다. 새벽에 일어나기 위해 돈을 낸다니, 예전 저로서는 상상도 하지 않을 선택이었습니다. 가계부 어느 항목에도 우선순위로 들어갈 수 없는 지출이었습니다. 더는 무기력하게 살아갈 수 없었습니다. 그래서 전과는 전혀 다른 선택을 했습니다. 나인해빗은 완전히 새로운 세계였습니다. 자기 자신에게 시간과 돈을 쓰며, 성장을 위해 매일을 살아가는 사람들이 많다는 걸 그곳에서 처음 알았습니다. 돈을 모아야 한다는 생각과 아이들이 전부였던 삶을 살았던 저에게는 다른 차원을 마주한 듯한 경험이었습니다. 자기 자신을 삶의 중심에 두고 살아가는 사람들을 보면서, 저도 조금씩 할 수 있는 일들을 찾아가기 시작했습니다. 새벽에 일어나 하루를 주도적으로 시작했고, 책을 읽고 생각을 나눌 수 있었습니다. 많은 사람의 다양한 경험과 지식을 접할 수 있었습니다. 덕분에 이전에는 보지 못했던 세상을 바라보는 눈과 사고방식을 배워 갔습니다.

하겠다고 마음먹은 일을 하나씩 해내다 보니, 무기력감 대신 자신감이 자리 잡았습니다. 저는 쓸모없는 존재가 아니라 충분히 해낼 수 있는 사람이었습니다. 새벽 기상, 가계부 쓰기, 독서 같은 작은 실천들이 쌓이면서 나라는 존재가 조금씩 회복되었습니다. 그즈음부터 사람들이 가계부 쓰는 법을 물어보기 시작했습니다. 누구나 돈을 아끼고 모으는 법쯤은 알고 있을 거라 생각했고, 가계부를 궁금해하거나 알고 싶어 한다는 생각은 못 했습니다. 온라인 세상에는 수많은 사람이 다양한 삶의 방식으로 살아가고 있었고, 제 경험이 누군가에 꼭 필요한 정보가 될 수 있다는 사실을 알게 되었습니다.

오랜 시간 가계부를 쓰며 겪었던 시행착오와 실패들을 꺼내 이야기했습니다. 많은 분들이 공감해 주었고, 덕분에 지금은 '돈무적 워크숍'이라는 온라인 커뮤니티에서 코치로 활동하고 있습니다. 저도 시작이 두렵고 막막했기에 이제 막 첫걸음을 떼려는 분들의 망설임을 이해할 수 있었습니다. 무엇이 어려운지, 어떤 실수가 반복되는지를 알고 있으니, 제가 걸어온 길에서 얻은 답을 전하고, 새롭게 알게 된 지식과 생각을 나누고 있습니다. '돈무적 워크숍'에서는 한 달에 한 번, 경제 기사를 함께 읽고 시야를 넓히는 '머니픽 특강'을 진행하고 있습니다. 강의를 준비하는 과정 속에 큰 공부가 되고 있습니다. 특강 주제를 고민하느라 일주일 내내 머릿속이 분주해지고, 어렵게 정한 주제에 대한 자료를 찾으며 새롭게 배우는 기쁨도 함께합니다. 어렴풋이 알고 있던 개념을 확실히 이해하고 지식을 깊이 있게 다져 가는 소중한 시간입니다.

아무 쓸모가 없다고 여겼던 아줌마에서, 이제는 사람들의 돈 고민을 함께 나누고 해답을 찾아가는 사람이 되었습니다. 알고 있던 것을 더 잘 설명하기 위해 공부하고 정리하다 보니 가장 많이 배우는 사람은 저 자신이었습니다. 강의를 준비하는 과정은 제 경험을 복기하고 흐트러진 생각을 체계적으로 정리하게 해 주었습니다. 무엇보다도 제 이야기를 듣고 용기를 냈다는 분들의 소감을 들을 때면 가슴이 뜨거워집니다. 시작이 막막했던 누군가가 한 걸음을 내딛게 되었다는 이야기는 제게 가장 큰 자기 효용감이 되었습니다. 나의 지식과 경험이 누군가에게 도움이 될 수 있다는 것, 그것이 제가 다시 저로 살아가게 하는 힘이 되었습니다. 신기하게도 내 경험과 내 지식을 나누는데도 내 것을 사라지지 않고, 오히려 감사와 응원으로 제 안을 다시 채우고 있습니다. 나누면서 가장 크게 받는 사람은 저였습니다. 작고 보잘것없이 보였던 경험도 나누는 순간 커다란 힘이 되었습니다. 쓸모없는 경험은 없고, 누구에게나 필요한 경험이 있다는 것을 이제는 압니다. 나누니 오히려 커졌습니다. 경험도, 지식도 그리고 나 자신도요. 쓸모없던 아줌마에서 함께 해답을 찾아가는 사람으로 그렇게 다시 살아가고 있습니다.

정기적으로 배우고 성장하는 돈 습관

박춘희

돈을 다룬다는 것은 단순한 기술이 아니라 삶을 대하는 태도와 맞닿아 있다고 생각합니다. 처음에는 저도 절약하고 아끼는 데에 초점을 맞췄습니다. 아이들이 어릴 땐 육아와 살림으로 하루가 빠듯했고, 주어진 예산안에서 알뜰하게 사는 것이 최선이라 믿었습니다. 가계부를 작성하는 습관은 그렇게 시작되었습니다. 매달 통장에 찍히는 월급을 기준으로 지출을 분류하고, 절약할 수 있는 부분이 없는지 챙겼습니다. 하지만 몇 년이 지나면서 돈을 모으는 것만으로는 불안이 가시지 않았습니다. 물가는 오르고, 금리가 변동하고, 사회 분위기가 요동칠 때마다 머릿속은 복잡해졌습니다.

'지금 이대로 괜찮을까?'라는 물음이 자주 떠올랐습니다. 돈을 단순히 아끼는 대상으로 바라보던 것이 오히려 내 가능성을 막고 있다는 느낌이 들었습니다. 그러다 『돈의 속성』이라는 책을 접하게 되었습니다. 김승호 회장은 그 책에서 돈을 잘 다루려면 버는 능력, 모으는 능력, 불리는 능력 그리고 유지하는 능력을 골고루 키워야 한다고 강조했습니다. 그 문장을 읽는 순간, 그동안 저축과 절약에만 집중하느라 나머지 영역은 손도 대지 못하고 있었다는 것을 깨달았습니다. 통장 잔고 늘리는 것에만 집착했지 돈을 불리고 지키는 방법은 전혀 몰랐던 겁니다.

그때부터 조금씩 방향을 틀었습니다. 경제신문을 조금 더 정성 들여 읽기 시작했습니다, 매일 아침 주요 경제지표를 체크하고, 가볍게 읽고 지나쳤던 경제 기사를 노트에 중요한 기사 3개를 뽑아 정리하며 경제 흐름을 파악하는 루틴을 만들었습니다. 책에서 소개한 대로 월급을 받으면 적금처럼 우리나라 1등 기업을 매수했습니다. 처음에는 숫자와 용어들이 낯설고 어렵기만 했습니다. 금리와 환율이 어떻게 연결되는지, 유가와 물가가 어떤 영향을 주고받는지 제대로 이해하기까지 꽤 오랜 시간이 걸렸습니다. 꾸준히 기록하고 정리하다 보니, 어느 순간부터 기사 제목을 보고 기사 내용이 그려지기 시작했습니다. 가계부에 기록된 숫자들이 단순한 지출 내역이 아니라 경제 흐름 속에서 내 삶이 어떤 방향으로 가고 있는지를 보여 주는 지도처럼 보였습니다.

처음 '돈무적 워크숍'을 시작할 때 망설였습니다. 이미 가계부를 성실히 쓰고 있었고, 통장에 예산을 나눠 생활하고 있었기 때문입니다. 새로운 시도가 꼭 필요할까 싶었습니다. 무엇보다 내 가계부를 다른 사람에게 보여 준다는 점이 마치 맨살을 드러내는 것처럼 느껴졌습니다. 저희 집 실생활을 고스란히 드러내는 것 같아 부끄럽고 조심스러웠습니다. 워크숍에 참여하니 그동안 혼자서는 보지 못했던 부분들을 하나둘 발견하게 되었습니다. 다른 사람들의 지출 방식과 자산 관리법을 보며 비교가 아닌 인사이트를 얻기도 했고, 내 생활에 적용해 볼 수 있는 힌트들도 많이 얻을 수 있었습니다.

이전에는 적금을 통해 돈을 모았다면, 워크숍 이후로는 미국 S&P500 지수, 금 현물, 비트코인 등 다양한 자산들로 시야가 확장되었습니다. 정기적인 투자 루틴도 만들었습니다. 투자라고 하면 거창하게 느껴졌던 것이, 이제는 매달 일정 금액을 배분하는 생활의 일부가 되었습니다. 이런 변화는 가계부 작성 방식에서도 이어졌습니다. 오늘 총 얼마를 지출했는지 기록하던 것을 지출 후 남아 있는 예산 잔액까지 적어 두었습니다. 쓸 수 있는 돈을 알고 있으니 지출 통제가 수월해졌습니다. 가계부와 별개의 노트에 따로 경제 기사와 경제지표를 기록하던 것을 가계부에 경제지표를 함께 적었더니 경제 흐름과 일상을 함께 챙겨볼 수 있었습니다. 급여일을 중심으로 결산하던 과거에는 월급 전 일주일 동안 지출을 줄이며 버티기 모드로 들어갔고, 월급날만 기다렸습니다. 급여가 입금되는 날엔 억눌렀던 소비가 폭발하곤 했습니다. 이런 문제점을 개선하기 위해서 찾은 방법이 결산일을 바꾸는 것이었습니다. 지금은 매달 1일을 기준으로 월 결산을 하고, 주간 단위로 예산을 점검하면서 지출 흐름이 훨씬 안정되었습니다.

처음에는 계산기로 일일이 합산하며 결산했지만, 숫자 오류가 잦아지자 엑셀로 시스템을 만들었습니다. 수기로 쓰는 가계부의 따뜻함은 놓치지 않으면서도, 데이터는 정확하고 신속하게 관리할 수 있도록 한 셈입니다. 주간 결산을 엑셀에 입력하면 자동으로 월 결산이 정리됩니다. 3개월에 한 번 자산표를 업데이트하면서 금융 자산과 부동산 시세를 점검합니다. 그렇게 3개월을 돌아볼 때, 아주 조금이라도 자산이 늘어난 것이 확인되면 '이번 분기도 잘 살아냈구나' 싶은 마음이 들어 제 자신이 기특해집니다.

예전에는 책 한 권 사는 것도 망설였지만, 지금은 배움에 투자하는 시간을 소중하게 여기고 있습니다. 좋은 책은 밑줄을 긋고, 생각을 메모하며 읽습니다. 똑같은 책이라도 누가 어떻게 읽느냐에 따라 완전히 다른 책이 된다는 걸 알게 되었습니다. 독서는 투자자가 된 저의 시야를 넓히는 가장 든든한 방법이 되었습니다. 각 분야의 고수들이 직접 들려주는 강의도 기회 되는대로 듣고 있습니다. 책에 담기지 않은 생생한 노하우를 접하면서 제 사고의 깊이도 키워 내고 있습니다.

매주 금요일이면 KB 부동산 홈페이지에 올라오는 주간 시계열 데이터를 내려받습니다. 지역별로 변화를 챙기고 있습니다. 지역별 인구수, 수요와 입주 물량, 평단가와 대장 아파트 현황 등도 주기적으로 정리하고 분석하는 작업이 루틴이 되었습니다. 이렇게 쌓은 데이터는 저만의 투자 기준이 되어 시장의 흐름을 바라보는 감각도 점점 날카로워지고 있습니다.

이런 습관은 가족과의 관계에서도 여러 변화를 만들었습니다. 딸과 함께 가계부를 들여다보며 이번 달 결산이 흑자인지 적자인지 말해 줍니다. 처음에 무슨 뜻인지 몰랐던 아이는 혹 가계부를 보면 칭찬을 해 줍니다. 맛있는 것 사 먹자는 말도 함께합니다. 경제지표를 작성하고 추가 용돈을 받는 아들에게 소감을 물어보면, '나스닥이 이렇게나 올랐어요. 환율이 왜 이래요?'라는 답을 합니다. 돈 이야기를 자연스럽게 나누는 시간이 경제 교육의 시작이자 가족 간의 대화의 창이 되고 있습니다. 남편도 가계부 결산을 보고 잘한 점과 아쉬운 점, 앞으로 어떻게 할지 등을 함께 고민합니다. 돈이 우리 사이의 거리감을 좁혀 주는 새로운 언어가 되었습니다.

처음엔 어색하고 낯설었던 루틴들이 어느새 제 삶의 중심이 되었습니다. 아침에 커피를 내리고 경제지표를 확인하고, 금요일이면 부동산 자료를 분석하고 일요일 아침 워크숍 진행과 주간 결산을 하며 일주일을 정리합니다. 한 달의 마지막 날엔 월 결산을 마치며 스스로 수고했다고 말합니다. 이 단순한 반복이 제 삶을 구성하고 돈을 다루는 감각을 키우고 있습니다.

돈은 여전히 어렵고, 예측할 수 없는 흐름에 휘둘릴 때도 많습니다. 지금처럼 배우기를 멈추지 않고, 변화를 적극적으로 받아들여 성장하는 태도만 유지된다면 돈은 결코 두려운 존재가 아니라 나를 지지해 주는 든든한 친구가 되어 줄 겁니다. 정기적으로 배우고 성장하는 돈 습관이야말로 평생을 단단하게 살아갈 수 있는 가장 현실적이고 강력한 재테크입니다.

무조건 절약보다 가치 있는 소비로

박춘희

절약이 미덕이라 여겼습니다. 부모님은 평생을 아껴 가며 생활하셨고, 저도 부모님의 모습을 보며 자랐습니다. 돈을 쓰는 일에 늘 신중하려 했고, 낭비는 경계의 대상이었습니다.

돈의 가치에 대해 처음으로 진지하게 고민하게 된 계기가 찾아온 건 아이 엄마가 되고 나서입니다. TV에서 우연히 보게 된 <세이브 더 칠드런> 영상에는 내 품에 안긴 아이와 비슷한 또래로 보이는 어린아이가 의료진의 품에 안겨 있었습니다. 아이의 앙상한 팔다리와 힘겹게 숨을 쉬는 모습에 저절로 눈물이 나왔습니다. 2백 원이 영상 속 아픈 아이를 치료할 수 있는 약값이고, 한 끼 식사도 해결하게 한다는 말은 정말 큰 충격이었습니다. 지갑 속에 있는 백 원짜리 동전 두 개로 할 수 있는 일이 선뜻 떠오르지 않던 저에게 적은 돈으로 생명을 살릴 수 있다는 사실이 뒤통수를 세게 얻어맞은 느낌이었습니다. 그 이후로 지출 전에 2백 원과 알약을 떠올리게 되었습니다. 돈을 아끼는 것 말고 돈을 어떻게 잘 쓸 것인지로 생각의 방향이 바뀌었습니다. 무조건 절약만 고집하던 시절에는 만 원 한 장이 지갑에서 나갈 때마다 마음이 벌벌 떨렸습니다. 돈이 사라진다는 생각이 커서 무엇을 위한 소비였는지는 보이지 않았습니다. 마흔이 넘고 보니 돈을 '어디에 어떻게 쓰느냐'라는 질문이 소비의 본질이 가른다는 것을 알게 되었습니다.

아이들과 나들이를 계획할 때마다 교통비, 식사비, 입장료까지 여러 비용이 걱정되었습니다. 돈이 아까워 집에 머무는 것이 옳은 선택인가 고민했습니다. 아이들의 시간은 멈추지 않고 흘러간다는 사실 앞에서 마음이 바뀌었습니다. 지금이 아니면 할 수 없는 일이라면, 돈을 아끼기보다 그 순간을 지나치지 않기로 결심했습니다. 물건보다 경험에 집중하게 된 이유입니다.

예전에는 고마운 일이 있어도 마음에만 담고, 표현하기를 주저했습니다. 감사의 마음을 물질로 표현하는 것이 어색하고 조심스러웠기 때문입니다. 하지만 지금은 압니다. 감사는 마음으로만 전해서는 충분하지 않으며, 시기를 놓치지 않고 표현해야 그 가치가 지켜진다는 것을요. 그래서 언제든 생길 수 있는 경조사를 대비해서 매달 일정 금액을 모으고, 그때그때 마음을 표현할 수 있는 작은 선물을 전하고 있습니다.

소비에도 저만의 기준이 생겼습니다. 다수가 좋다고 말하는 '국민템'이라 불리는 물건에 경계심을 갖게 되었습니다. 많은 사람들이 만족한 물건이 실패 확률을 줄여 주긴 하지만, 꼭 저에게도 맞는 것이 아니라는 걸 여러 번의 시행착오를 통해서 체득했습니다. 가격이 싸다는 이유만으로 선택하는 것도 조심합니다. 3달러짜리 티셔츠의 비밀이라는 글을 본 적이 있습니다. 저렴한 가격에는 값싼 노동력과 열악한 작업 환경, 어린아이들의 노동, 저급한 재료가 뒤따라온다는 것을 알게 되었습니다. 나에게 저렴한 소비가 누군가의 삶과 건강, 지구 환경에 영향을 미칠 수 있다는 사실은 이후 소비를 결정하는 데 중요한 기준이 되었습니다. 공정무역이나 생협 같은 생산자와 소비자 모두를 생각하는 업체를 가능한 한 이용합니다. 윤리적인 기업의 제품을 구입합니다. 소비자를 기만한 기업의 제품을 선택하지 않는 것도 저의 소비 기준이며, 가치 선택입니다. 소비는 때로는 윤리적인 판단이기도 합니다.

필요한 것을 무작정 아끼다 보면 오히려 스트레스가 쌓이고, 보복 소비로 이어졌습니다. 그래서 소비를 결정할 때는 저와 가족에게 진짜 필요한 것인지, 우리에게 행복을 줄 수 있는 것인지가 기준이 되었습니다. 가격은 소비를 결정하는 중요한 요소 중 하나지만, 소비가 내 삶에 어떤 영향을 주는가를 먼저 생각해 봅니다. 좋은 소비는 때로는 미래를 위한 투자이기도 합니다.

좋은 도구는 좋은 습관을 만든다는 걸 러닝복을 입고 달리기를 하며 알 수 있었습니다. 예전에는 집에 있는 옷을 입고 달리면 된다 생각했지만, 운동복이 주는 편안함과 몰입도는 확실히 달랐습니다. 식비를 아끼는 방법을 고민한 적 있습니다. 삼시 세끼를 라면으로 해결한다면 돈도 아낄 수 있고 조리도 간단하고 아이들도 좋아하니 최고의 선택 아닐까 했지만, 건강을 해치면서 아끼는 것은 진짜 절약이 아니라는 결론을 내렸습니다. 그래서 한 달에 정해 둔 식비 예산은 아낌없이 쓰고 있습니다. 좋은 재료로 건강한 식사를 준비하는 것이 진짜 가치라고 믿기 때문입니다.

정기적인 건강 검진 비용도 아끼지 않습니다. 병을 키운 뒤에 치료하는 것보다, 조기에 발견하고 관리하는 것이 진짜 현명한 소비라고 생각합니다. 아껴야 할 대상은 돈이 아니라, 내 건강과 시간을 갉아먹는 불필요한 요소들입니다. 올해 2월부터 시작한 요가 수련도 같은 맥락입니다. 처음엔 수강료가 부담스러웠지만, 몸과 마음이 건강해지는 시간을 위해 투자하기로 마음먹었습니다. 그 선택은 옳았습니다. 요가 수련 시간을 통해 제 몸과 마음을 돌보며 건강을 챙기고 있습니다.

여행, 독서, 자기 계발에 드는 비용에 더 이상 망설이지 않습니다. 성장은 어린아이들만의 몫이 아닙니다. 어른들에게도 필요한 과정입니다. 이제는 새로운 경험을 위한 지출은 낭비가 아닌 나를 확장하는 일로 여깁니다. 그 경험들은 미래의 저를 더 단단하고 넓게 만들어 줄 테니까요.

남들이 시선을 의식하는 소비 대신에 내가 진심으로 만족하고 행복을 느끼는 소비를 선택합니다. 많은 사람이 알아주는 명품이 아니어도, 좋은 재료로 잘 만들어진 물건을 알아보는 안목을 기르고 싶습니다. 이제는 돈으로는 살 수 없는 가치들에 욕심이 생깁니다. 센스 있는 말투와 교양, 삶을 통찰하는 깊이, 꾸준히 다져 온 내공 같은 것들 말입니다.

소비하기 전, 저에게 질문합니다.
첫 번째, 이 소비가 내 삶에 긍정적인 변화를 만들어 낼 수 있을지. 두 번째, 지금 꼭 필요한 소비인지, 단순한 충동은 아닌지. 세 번째, 가격 이상의 가치를 얻을 수 있는지. 네 번째, 나와 가족들이 행복과 만족을 높여 주는지를 묻고 망설여진다면 일단은 멈춥니다. 조건에 부합하는 계획된 소비라면 기쁘게 지갑을 엽니다.

세상에는 정답은 없다는 것을 마흔이 넘어서 알게 되었습니다. 대신에 내 선택을 정답이 되게 옳게 만드는 것도 내가 할 수 있습니다. 가치 있는 소비를 할 때 가장 중요한 것은 소비를 단순 지출이 아니라 투자로 바라보는 시선입니다. 좋은 도구에 투자하면 효율이 올라가고, 좋은 강연을 들으면 인생의 지혜와 기회가 생깁니다. 아이들 교육에 지출하는 것도 결국에는 아이들의 인생을 위한 씨앗을 심는 것입니다. 돈을 쓰는 방식이 삶의 방향을 정합니다. 가치 있는 소비는 단지 물건을 사는 행위에 그치지 않았습니다. 지금 내 삶을 보다 윤택하게 만들고, 앞으로 나아갈 길에 빛을 더하는 일이었습니다. 고마운 이에게 마음을 전할 수 있게 합니다. 현명한 소비를 통해 나를 더 잘 알게 되었고, 세상을 바라보는 눈도 깊어졌습니다. 이제는 무조건 절약만을 고집하기보다, 제 삶에 진짜 필요한 것이 무엇인지 생각하고, 내 주변 사람들도 함께 살핍니다. 돈을 잘 쓰는 능력이야말로 평생 부자로 가는 핵심 능력이라고 믿습니다.

평생 부자로 사는
마지막 한 수

유현주

종잣돈 모으면서 주변 사람들에게 동기 부여를 받고 행동하면서 많은 것을 이뤄 가고 있습니다. 나의 경험을 이야기하는 시간이 즐거웠고, 함께하는 기쁨을 알게 된 소중한 계기가 되었어요. 공부하는 동안 많은 사람들과 함께했고, 서로 도우며 힘이 되어 주는 관계를 경험하기도 했습니다. 반면, 몇 년이 지난 후에야 지인들에게 자기 계발을 하고 있다는 이야기를 했습니다. 돈이 있어야 꿈을 이룰 수 있는 발판이 되기 때문에, 돈을 좋아하고 모은다는 이야기를 쉽게 할 수 없었답니다. 지인들에게 이야기할 때 응원하는 사람들도 있었고, 나이 들어서 꿈이라는 말에 색안경을 끼고 보는 사람도 있었습니다. 하지만 아랑곳하지 않았습니다.

하루는 회사를 그만둔 동료가 몇 달 만에 사무실로 놀러 왔습니다. 밥을 먹고 차를 마시며 서로의 근황을 나누는데, 직장 다니면서 투잡을 하고 있다는 이야기를 듣게 되었어요. 흥미로워서 계기를 물었더니 나에게 동기 부여를 받았다고 해서 깜짝 놀랐습니다. 직장을 그만두고 새로운 직장이 구해지지 않아서 힘들었는데 내가 들려주었던 부수입 버는 이야기가 생각나서 하게 되었고, 활력도 찾고 곧 직장도 구하게 되었다고, 고맙다고 하였어요. 누군가에게 도움을 주는 경험은 뿌듯하고 기분 좋았습니다.

자기 계발을 하면서 건강에 힘쓰고 있어요. 사십 중반이 되면서 자주 아프기 시작했고, 치료를 받아도 잘 낫지 않았어요. 병원 가서 주사 맞고 약 먹어도 다 낫기까지 오래 걸렸고, 체력도 자꾸 떨어졌답니다. 허리 디스크 증상으로 책상에 오래 앉아 있을 수 없었고, 집중도 잘 안 되었습니다. 오래 다니던 병원도 소용이 없었어요. 마지막이라는 생각으로 병원을 그만 다니고 운동하기 시작했어요. 운동하고 체력을 올려서 공부에 더 집중하고 싶었기 때문입니다. 덕분에 체력도 많이 올라왔고, 지금도 꾸준히 다니고 있어요. 운동이 생활이 되었지요.

운동하면서 코치에게 많은 이야기를 들으면서 동기 부여 받고, 건강 관리를 더 잘해야겠다고 생각했어요. 꾸준히 운동하는 계기가 되었답니다. 코치와 밥을 먹을 기회가 생겨서 이런저런 대화를 나눴는데, 제가 직장 다니며 공부하는 모습이 그에게도 동기 부여가 되어서 건강 관련 공부도 더 열심히 하게 되고, 일도 더 잘 된다고 했습니다.

아들도 초등학생 때만 해도 공부로 많이 다그쳐서 사이가 안 좋았는데, 제가 공부한 이후로 아이에게 공부하라는 말을 하지 않았더니 스스로 공부하는 아이가 되었어요. 방학에는 같이 운동 다니며 장난도 많이 치고, 이야기도 많이 하였더니, 그 덕인지 사춘기 때도 큰 문제 없이 잘 넘겼답니다. 잘할 거라고 믿고 지켜봤더니 좋은 결과가 생겼습니다. 아이보다 나 자신에게 더 집중했더니 생긴 결과였습니다.

"가계부가 저를 살렸습니다."
지인들에게 이렇게 이야기하고 다닙니다. '할 수 있는 게 아무것도 없다' 생각하고 자책하던 시기가 있었습니다. 지나고 보니 우울증도 있었던 것 같고, 무엇을 하고 싶다는 생각보다는 그저 돈이 많으면 좋겠다. 그냥 쉬고 싶다는 생각만 가득한 무기력한 사람이었는데, 가계부 쓰면서 새로운 삶을 살게 되었고, 나처럼 힘든 사람들도 도와주고 싶었어요.

체력을 키워서 많은 일을 하려고 시작했던 운동도 사람들에게 알리고, 함께하고 싶어서 챌린지를 시작했고, 투자 공부도 마찬가지였어요. 함께 공부하면 오랫동안 지속할 수 있고, 효과도 배가 되기에 사람들과 같이했습니다. 함께하는 지금이 참 좋습니다. 누군가에게 도움이 된다는 사실이 기쁘답니다.

아버지는 칠십 넘어서까지 일했습니다. 일을 끝내고 집으로 돌아오는 길에 시장에 들러 간단하게 밥을 먹고 오기도 하고, 술 한 잔

마시고 운동 삼아 걸어오기도 했습니다. 아버지는 아버지 세대의 어르신들처럼 그저 묵묵히 성실히 일했습니다. 퇴직하고 얼마 지나지 않아 기억력을 점점 잃어 갔습니다. 하루는 상태가 좋아졌다가, 또 하루는 더 안 좋아졌다가, 매일 병과 싸우는 중입니다. 할머니도 치매로 병원 생활을 오래 했고, 아버지도 오랫동안 병과 싸우고 있습니다. 가족력이 있다 보니 예민하게 반응하게 됩니다. 그래서 시간 없다는 핑계는 내려놓고 잠깐이라도 운동하려고 합니다.

가수 GOD의 〈촛불 하나〉라는 노래를 좋아합니다. 하루는 흥얼거리고 있는 나를 보던 헬스장 코치는 자신도 좋아하는 노래라고 하더군요. 코치는 형편이 어려운 친구들이나 경제적으로 힘든 사람들에게 틈틈이 시간을 내어서 운동을 가르쳐 주기도 합니다. 건강해야 사회에 나가서 일도 잘하고, 잘 살아갈 수 있다고 하면서요. 좋아하는 노랫말처럼 산다며 건네는 저의 말에 그는 환한 미소를 지어 보였습니다.

가계부가 나를 살린 것처럼, 가계부를 쓰면서 변화와 성장한 사람들을 많이 봐 왔습니다. 그 사람들을 보면 절로 미소가 지어지고, 각자의 목표에 따라 열심히 사는 모습이 나에게 큰 동기 부여가 된답니다. 그래서 더 열심히 도와드리려 노력하고 함께하고 있습니다. 힘든 사람들과 손잡고 함께 가고 싶다는 생각을 많이 합니다. 작은 책방에서 독서 모임을 여는 것 외에도 힘든 사람들의 성장을 돕고, 쉼터가 되는 공간을 마련하고 싶습니다. 살면서 힘들면 쉬어 가기도 하고, 넘어지면 잠시 앉아 쉬어야 할 때 도와주고, 함께하고 싶은 생각이 많습니다. 처음엔 나를 일으켜 세우고 잘 살자던 목표가 오랜 시간 거치면서 나 혼자가 아닌 함께한다는 마음으로 주변까지 돌아보게 되었습니다.

한 치 앞만 보던 내가 나를 사랑하고, 공부하면서 멀리 내다보고, 주변까지 사랑할 수 있게 되었습니다. 누구나 꽃길만을 걸어가길 원하겠지만, 인생살이가 내 마음대로 되지 않는다는 것을 압니다. 부딪히고 깨지면서 성장하는데, 그 시간을 잘 보낼 수 있도록 함께하려 합니다.

살아가면서 돈은 꼭 필요한 존재입니다. 그렇다고 돈만이 목적인 삶을 바라며 살지 않습니다. 돈이 목적이 되기보다는 수단이 되면 나와 많은 사람이 행복하다는 것을 이제는 압니다. 부딪히고 넘어져도 다시 일어날 힘을 준 가계부가 나를 사랑하게 만들어 주었고, 어떻게 살아야 하는지 알려 주었고, 어제보다 조금 더 성장하는 계기를 만들어 주었습니다. 내가 잘하는 것으로 다른 사람들에게도 도움을 주고 성장을 돕고 싶습니다. 돈이 좋아서 많이 가져보겠다는 마음으로 시작했던 돈 공부가 이제는 나를 키우고 있습니다. 참 고마운 돈입니다. 많이 벌고 더 가치 있게 쓰기 위해 더 열심히 공부하고 투자하기로 다짐합니다.

마치는 글

박춘희 (봄희야)

돈 이야기를 쓰기 시작한 건, 통장을 쪼개며 삶을 지켜 낸 날들에서 비롯되었습니다. 1만 원을 아껴 모으고, 그 돈을 불릴 수 있다는 걸 몸소 겪고 나서야 말할 수 있었습니다. 저축과 투자, 소비와 절약, 위험과 기회 그리고 아이들에게 전하고 싶은 돈의 태도까지 그 모든 이야기는 결국, '어떻게 살 것인가'로 이어졌습니다.

돈이 많고 적음보다 더 중요한 것은 내가 어떤 기준으로 돈을 대하느냐는 점이었습니다. 매일 1만 원을 투자하며 쌓은 시간의 힘은 놀라운 변화를 만들었고, 부동산 투자도 결국엔 삶의 안정을 향한 고민이었습니다.

돈은 늘 선택이었고, 그 선택은 곧 나의 삶을 결정짓는 질문이었습니다. 이 글을 통해서 누군가가 한 걸음 용기를 내고 자기만의 돈 철학을 세울 수 있다면, 그보다 큰 보람은 없을 것입니다.

이 책을 덮는 당신이 심은 씨앗이 언젠가 당신의 삶에 가장 단단한 뿌리가 되어 주기를 바랍니다.

유현주 (열정나비)

꿈이 많은 사람입니다. 그래서 돈도 많았으면 좋겠다고 생각했답니다. 나의 결핍으로 가계부를 적고 돈 공부를 하였습니다. 많은 것이 변했습니다. 나를 더 사랑하게 되었고, 조급한 마음에 앞만 보던 제가 옆도 살펴보고, 뒤돌아보며, 먼저 손도 내밀게 되었습니다. 마음이 더 넓고 단단해졌답니다.

100원도 허투루 쓰지 않고 아껴 썼습니다. 가치 있게 소비하고, 의미 있게 사용하려고 돈 공부를 하고 돈을 소중하게 다뤘습니다.

종잣돈 모으고, 투자하면서 실수도 많이 하였지만, 포기하지 않았습니다. 포기하지 않으면 반드시 이룰 수 있다는 것도 경험한 소중한 시간입니다.

돈에 휘둘리지 않고, 내 인생의 방향에 맞게 잘 끌고 가는 것이 행복의 첫 시작이라 생각합니다.

저의 습관을 고스란히 기록한 책입니다. 돈 공부를 시작하는 분들에게 도움이 되었으면 좋겠습니다. 시작하는 여러분을 응원합니다.

원효정 (부자마녀)

돈 공부를 시작하고 성과를 낸 지금까지 끊임없이 스스로에게 물었습니다. 삶의 쥐고 흔들어 버리는 돈의 존재에서 벗어나 내 삶의 입맛에 맞게 돈을 컨트롤해 나가기 위해 어떤 마음으로 돈을 대해야 할지 말이지요. 하루 11시간 장사하면서 가계부를 쓰기 시작했던 그때부터 지금까지, 제가 걸어온 길은 화려하지도, 극적이지도 않았습니다. 그저 매일매일 조금씩, 실수하고 배우며 앞으로 나아간 평범한 사람의 이야기일 뿐입니다. 그 과정에서 수없이 해답을 찾으려 했던 생각과 고민을 그대로 전해 보고자 하였습니다. 이 책은 거창한 성공 스토리를 들려 드리지는 못할지도 모릅니다. 다만 돈과 조금 더 친해지고, 경제적 고민을 가족과 함께 나누며, 작은 변화라도 시작해 볼 용기를 드릴 수 있다면 그것만으로도 충분합니다. 이 책을 함께 써 주신 두 분의 공저자와 끝까지 읽어 주신 모든 독자분들께 깊은 감사를 전합니다. 여러분의 내일이 오늘보다 조금 더 풍요롭고 행복하기를 진심으로 바라며 이 글을 마칩니다. 그리고 언젠가 여러분만의 특별한 돈 이야기를 들려주실 그날을 기대하겠습니다.